# 身内が亡くなる
# 前の備えと
# 後の手続きが
# すぐにわかる本



standards

Introduction

# 身内が亡くなる前の備えと亡くなった後の手続きがわかる

身内が亡くなると、さまざまな手続きが必要になります。
「なんてよく聞くけど、うちはまだ大丈夫」なんて思っている人は多いのではないでしょうか。

しかし、「もしものとき」というのは、突然やってくるかもしれません。大きな病気やけが、認知症などで介護が必要になることも考えられます。日常にある「もしものとき」に備えて、どんな対応や手続きが必要になるのかを知っておくことは重要です。

本書では、亡くなる前の備えから亡くなった後の手続きまで、必要なことだけをまとめています。準備をはじめる最初の一歩となれば幸いです。

## 監修者

**山田静江**さん
CFP®

**角田壮平**さん
税理士・行政書士

**二村祐輔**さん
葬祭カウンセラー

# 本書の使い方

身内が亡くなる前にやっておくべきことと、亡くなった後に必要となる対応に分けて解説しています。いつ行う準備や対応なのかを意識しながら、やるべきことを把握しましょう。

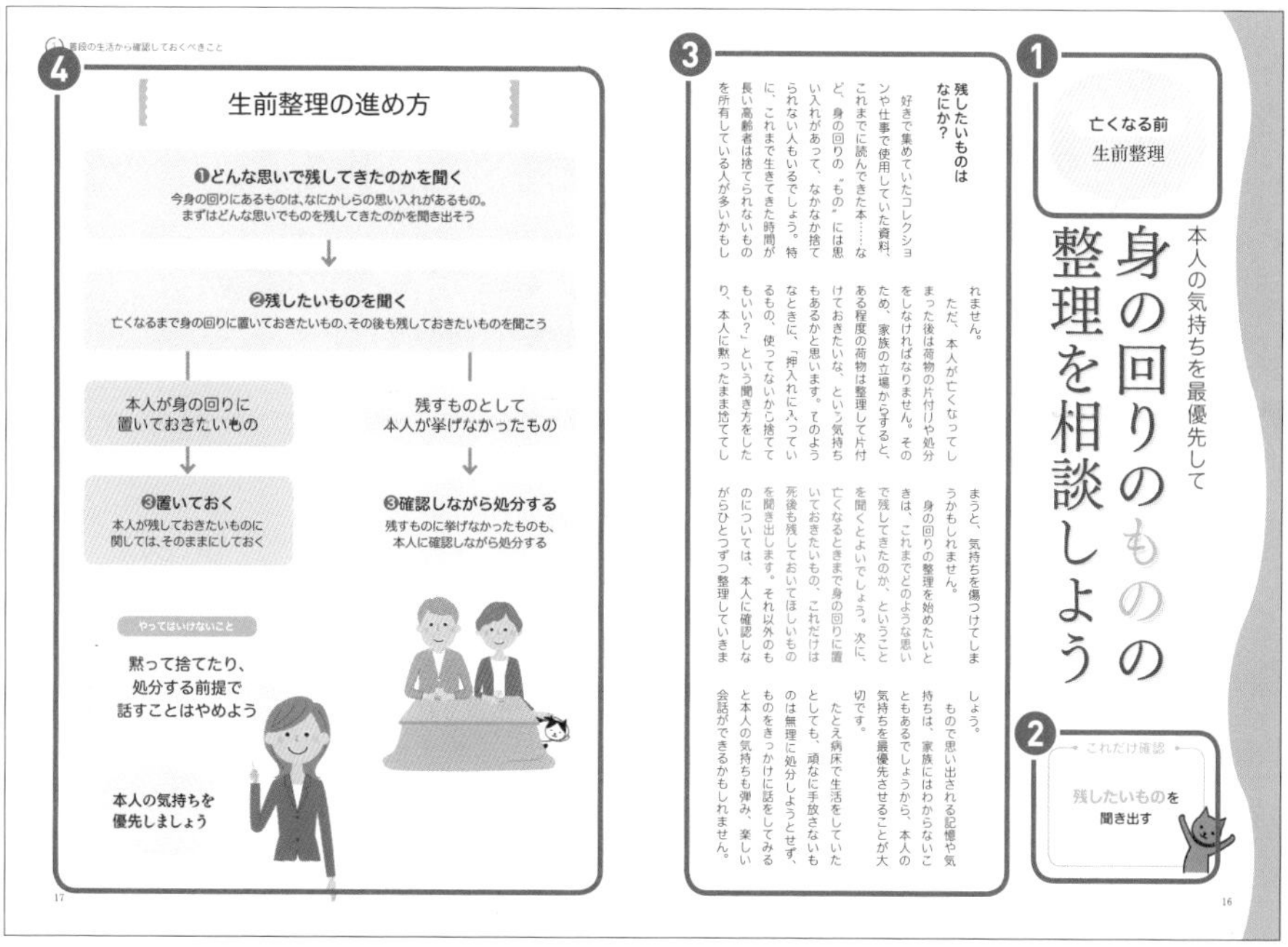
1
亡くなる前
生前整理

本人の気持ちを最優先して
身の回りのものの整理を相談しよう

2
これだけ確認
残したいものを聞き出す

3
**残したいものはなにか?**

好きで集めていたコレクションや仕事で使用していた資料、これまでに読んできた本……など、身の回りの"もの"には思い入れがあって、なかなか捨てられない人もいるでしょう。特に、これまで生きてきた時間が長い高齢者は捨てられないものを所有している人が多いかもしれません。

ただ、本人が亡くなってしまった後は荷物の片付けや処分をしなければなりません。そのため、家族の立場からすると、ある程度の荷物は整理して片付けておきたいな、という気持ちもあるかと思います。そのようなときに、「押入れに入っているもの、使ってないから捨ててもいい?」という聞き方をしたり、本人に黙ったまま捨ててしまうと、気持ちを傷つけてしまうかもしれません。

身の回りの整理を始めたいときは、これまでどのような思いで残してきたのか、ということを聞くとよいでしょう。次に、亡くなるときまで身の回りに置いておきたいもの、これだけは死後も残しておいてほしいものを聞き出します。それ以外のものについては、本人に確認しながらひとつずつ整理していきましょう。

もので思い出される記憶や気持ちは、家族にはわからないこともあるでしょうから、本人の気持ちを最優先させることが大切です。

たとえ病床で生活をしていたとしても、頑なに手放さないものは無理に処分しようとせず、ものをきっかけに話をしてみると本人の気持ちも弾み、楽しい会話ができるかもしれません。

16

普段の生活から確認しておくべきこと

4
生前整理の進め方

❶どんな思いで残してきたのかを聞く
今身の回りにあるものは、なにかしらの思い入れがあるもの。
まずはどんな思いでものを残してきたのかを聞き出そう

❷残したいものを聞く
亡くなるまで身の回りに置いておきたいもの、その後も残しておきたいものを聞こう

本人が身の回りに置いておきたいもの
❸置いておく
本人が残しておきたいものに関しては、そのままにしておく

残すものとして本人が挙げなかったもの
❸確認しながら処分する
残すものに挙げなかったものも、本人に確認しながら処分する

やってはいけないこと
黙って捨てたり、処分する前提で話すことはやめよう

本人の気持ちを優先しましょう

17

**❶ 行う時期** ……………… 「亡くなる前」または「亡くなった後」に、どんな行動が必要なのか一目でわかります

**❷ ポイント** ……………… ここだけ確認すればよいことが書かれています

**❸ 解説** ……………… 具体的な解説が平易に書かれています

**❹ 図解** ……………… 右ページの解説内容を左ページで図解しています

### いつかくる、そのときのために

# これからの生き方について親と話をする

いつかくる、そうわかっていても準備をするには気が重くてなかなか行動できませんが、準備がないといざというときに慌てたり、トラブルになってしまいます。回避するために、事前に話しておきたいことを解説します。

## 問題を起こさないために話し合っておきたい3つのこと

**1**
お葬式や
お墓の希望

**2**
どのような
手続きがあるか

**3**
遺品や財産の
処分方法

### 受け継ぐだけではない処分も必要になる

親や親族ら、身内が亡くなった後は、葬儀、相続、お墓などについての決断や手続きに追われます。

相続は、亡くなった人（被相続人）の財産が、受け取る人（相続人）の先に渡ることを指します。しかし、実際には遺言書の確認から始まり、相続人や相続財産の確認、遺産分割協議などを経て分割方法を決めます。その後、受け取るための相続手続き、相続税の申告と納付、財産処分などの対応が求められるでしょう。

葬儀では葬儀社の適切な選定をしたうえで、十分な打ち合わせをすることがもっとも大切です。訃報の連絡先の数などから、

## ＼＼ 親が亡くなったあとの対応 ／／

### 相続

- 相続人は誰？
- 遺産はどれくらいあるの？
- 遺産分割はどうやって決めればいい？

➔ 親の財産内容を確認して、誰が相続人になるのかを把握しておこう

50ページから解説！

### お葬式

- 葬儀社はどこにする？
- 訃報連絡の範囲
- 斎場は？ 祭壇は？
- 費用はどれくらい？

➔ 複数のなかから事前に最適な葬儀社を選定して、決めていこう

76ページから解説！

### お墓

- お墓の有無や寺壇関係を確認する
- 費用はどれくらい？
- 墓じまいしたいときは？

➔ 現在は、納骨堂や樹木墓地などさまざまな形態のお墓を選ぶことができる

94ページから解説！

おおよその会葬者数を把握して、お葬式の規模を第一に相談していきます。

　お墓を入手したり、これまでのお墓を継承したりする場合は、祭祀承継者として供養や管理をしなければなりません。菩提寺の境内墓地では、檀家としてのお付き合いもあるでしょう。

　このように、親や親族ら、身内が亡くなった後にするべきことは山ほどありますが、本人の生前に確認できることや話し合いをしておけば、手続きや対応の負担を軽減することができます。そのため、これからの生き方を話すことは重要なのです。

　**どのような手続きがあるのか、実務的な見直しをしつつ、家族間で共有することから始めましょう。**

相談しにくいもしものこと

# 亡くなった後のことを親と相談しておく

亡くなったあとのことについて話し合いたいけど、普段の会話とは違うし、どう切り出せばよいかわからない人は大勢いるでしょう。ここでは亡くなったあとの話でもめずに話し合いを進められる方法について紹介します。

## 聞きたいことを上手に話すための3つのタイミング

### 1
エンディングノートを活用する

### 2
親戚の集まりのときに話す

### 3
自分のパートナーに聞いてもらう

## 会話のきっかけづくりを意識する

親の生前に、亡くなった後のことを相談しようと思っても、上手な切り出し方はなかなか思い浮かびませんが、「きっかけ」を意識してみましょう。

親と同居している場合であれば、「エンディングノート」を活用するとよいでしょう。エンディングノートとは、人生の終末期における希望などを記入しておくノートのことです。

このエンディングノートをリビングなど、家族の目につく場所に置いておくのです。こうすることで、「これはだれのもの？」と会話が始まり、エンディングノートがどのようなものなのかを説明することで、自然と本人の考えも引き出すことがで

## \\ 上手な話のきっかけづくり //

**エンディングノートを見せる**

エンディングノートや終活の本など、関係するものを買っておきましょう

日本葬祭アカデミーの
マイエンディングノート

**内容を確認する（自分で書いてみる）**

内容を確認して、どんな内容かを見ておく。また、自分で書いておくのもひとつの方法です

**目に付く場所に置いておく**

リビングの机など、本人の目につく場所に置いておきましょう。「これ何？ 誰のもの？」などと自然に会話が始まるのを待ちます

**きっかけをつくるだけで大丈夫です**

きるでしょう。また、自分でエンディングノートに記入して見せることも方法のひとつです。

親と別居している場合は、**正月や法事など、親族が集まる行事で話してみるとよいでしょう。**テレビのCMなどでも終活に関する話題が増えているので、こうしたことをきっかけとして会話を始めてはどうでしょうか。

また、実の親子ではどうしても話しにくい、という場合には自分のパートナーに話してもらうこともひとつの手です。話す順番は、先のことから今のことに向かって話すとよいです。亡くなった後のお墓のことを決めたら、お葬式のことも決めなければなりませんし、お葬式のことを決めるならば訃報連絡の範囲……という風に、必要なものが見えてくるからです。

親が病気や危篤になる前に

# 「もしものとき」は突然訪れる

「もしものとき」というのは、亡くなるときだけではありません。大きな病気や介護が必要になる可能性もあります。「うちの親は大丈夫」と思いがちですが、そうなってからでは判断が難しくなる場合も多いので、事前に状況を把握しておきましょう。

## 「もしものとき」が訪れる3つの注意信号

**1**
物忘れが多くなっている

**2**
転倒やけがが多くなる

**3**
何だか元気がなさそう

## 「うちの親は大丈夫」という思い込みは危険

「もしものとき」とは、亡くなることだけではありません。

厚生労働省の試算によると、2025年には高齢者の5人に1人が認知症になるともいわれています。年齢別だと、85歳以上の人のうち、半分以上は認知症になると予想されています。

たとえば、父親がすでに亡くなっていて、自分の自宅から離れた場所で一人暮らしをしている母親が認知症になった場合、その発症に気づくのが遅れてしまうことがあります。そうなると、なにも話し合いできないまま後手を踏んでしまいます。

また、年齢を重ねると運動能力の低下から、ちょっとした段差でも転倒することがあります。

## ＼＼ 高齢者の年齢別の認知症の割合 ／／

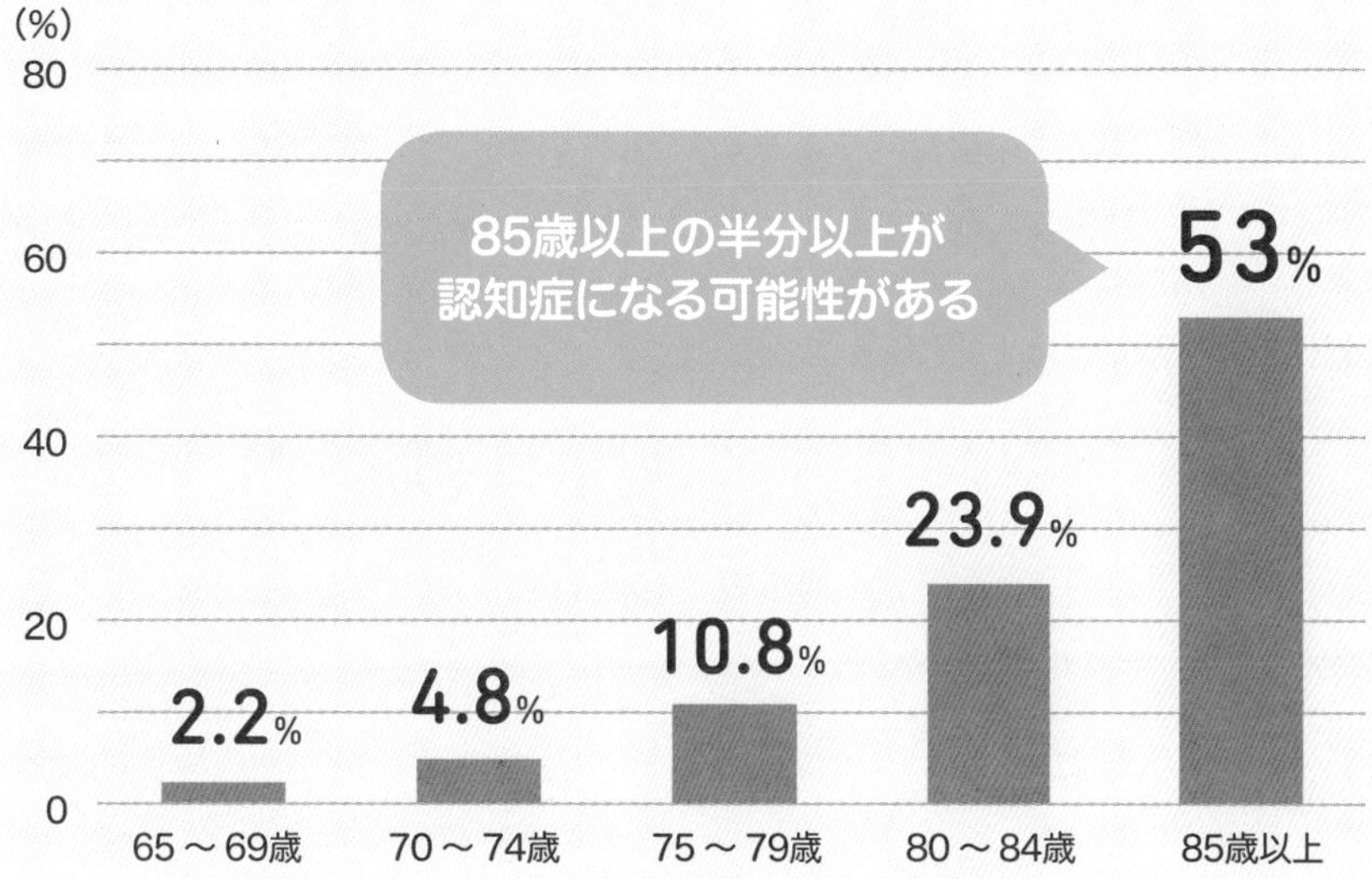


出所：厚生労働科学研究成果データベース「日本における認知症の高齢者人口の将来推計に関する研究（2014年度）」より編集部作成

↓

### 認知症のリスクが高まる前に話し合っておきましょう

話し合いで決めておきたいこと

・治療や介護の方法
・治療や介護にかかる費用の対策
・終末期における本人の希望
など

それで骨折し、入院して、退院後すぐに介護施設に入るというケースは実に多くみられます。そうなるとすぐに介護施設を探さなければなりません。自宅から施設が遠い場合は、誰かが送り迎えする必要もあります。

　このほかにも、大きな病気にかかってしまったり、長年付き添ったパートナーが亡くなったショックから精神的な病気になることも考えられます。

　こうした老後、あらゆるところに潜む「もしものとき」のために、親の様子を定期的に伺ったり、備えとして施設への入居や治療法について話し合っておく必要があるでしょう。本人の希望を反映することも大事ですが、本人を支える側の家族の負担や経済的な面も踏まえて、現実的な話し合いが求められます。

いつ倒れるかわからない……

# 意外と多い終活トラブル 何を備えておくかQ&A

終活の場面では、対応ができていないと問題に発展してしまうことが多くあります。まずは備えておきたいことをQ＆A方式で解説していきます。

## さまざまな支払いはどのように対処しておけばよい？

▶ ひとつの口座にまとめておくとよいでしょう

公共料金や携帯電話、クレジットカードなど、さまざまな契約をしている人は多いでしょう。また、引き落とされる口座はひとつであるとは限らず、複数あることも考えられます。

口座の名義人が亡くなったことを金融機関に伝えると、口座が凍結されて引き落としができなくなってしまいますし、複数の口座がある場合は、各金融機関に出向く必要があります。こうした手間を省くために、使用頻度の低い口座は解約しておくなどして、口座をまとめておくとよいでしょう。

## 終活について親と話したら怒ってしまった……。

▼ 具体的にやることを話してみましょう

「これからのことについて話す」ことは、親側からすれば「縁起でもない」と嫌なことは回避したいと考える人は多く、どうしても避けられてしまうこともあるでしょう。

ただ漠然と「終活をしよう」という話だけでは伝わりにくいので、「連絡先や保険など身の回りのことについてノートに書いておくと便利だよ」などと、具体的に話します。こうしたほうが説得力が増しますし、やることが明確になるので、前向きに考えられるのではないでしょうか。

また、自分の終末期について決めておかないと、家族側（自分）が困ってしまうことも伝えるとよいです。親も、子どものためなら、と思って考えてくれることもあるでしょう。

## 訃報連絡をしなかった人に悔まれた……

### ▶訃報連絡する範囲を決めておきましょう

葬儀の後に訃報を聞いた人から、とても残念というお悔やみがよく聞かれます。またそのことで関係が気まずくなることもあります。

訃報連絡をしなかったいきさつを丁寧に述べて、理解を得るようにしておきましょう。

例としては、「故人の遺志により」などの言葉を添えるとよいでしょう。

詳しくは80ページで解説

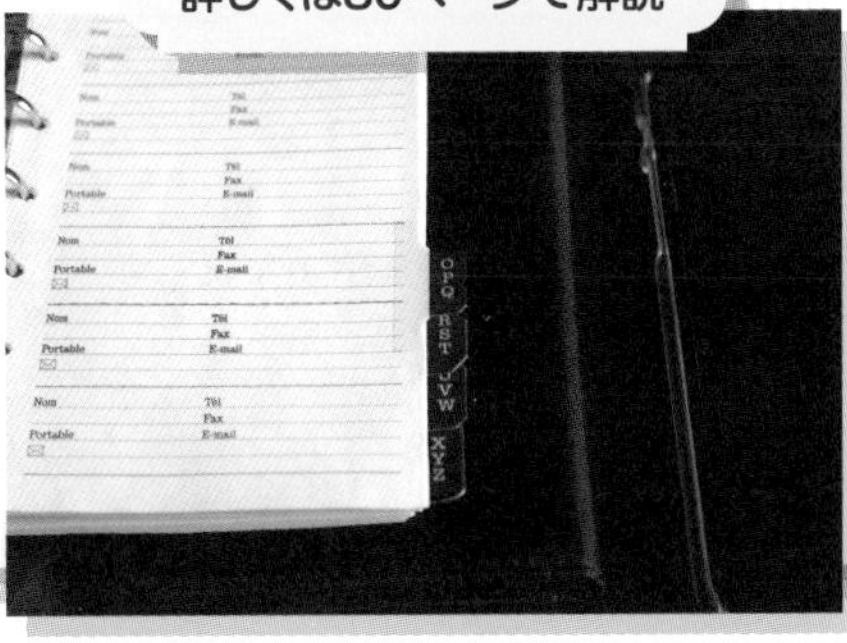

## 手続きにおいてもめないようにするためには？

### ▶場面ごとに対応する人を決めましょう

終末期〜死後には、さまざまな手続きが発生しますが、こうした手続きは誰かが必ず行わなければなりません。本人に家族がいる場合でも一緒に住んでいるとは限りませんし、手続きには手間がかかりますので、どちらが手続きを行うのかということでもめてしまうことも少なくありません。

治療、介護、葬儀など考えられる場面で、誰が、いつ、どのようにして対応するのかを決めておくことが必要です。

また、場面によっては公的な制度や助成を受けられることがあります。頼れる市区町村の役場や専門家がいないか、リサーチしておくことも大切でしょう。

## 檀家をやめたいけど、問題はない？

### ▼はじめに、お寺への相談から始めましょう

代々お世話になっているお寺（菩提寺）にあるお墓を墓じまいし、ほかのお墓に移りたいというときには、離檀のケースもあります。このとき、菩提寺に相談することからはじめましょう。

菩提寺とお寺の関係は、お葬式や法事、供養などを行ってもらい、気持ちとしてお布施を支払うことで菩提寺の運営を支えているような関係です。

檀家をやめるということは、お寺側からしたらひとつの収入がなくなってしまうわけですので、金銭面でトラブルになったり、また感情的にも問題になることがあります。必ず最初に相談したり、お寺、家族、葬儀に関するアドバイザーの三者で話し合うようにするなどの工夫をしましょう。

CONTENTS



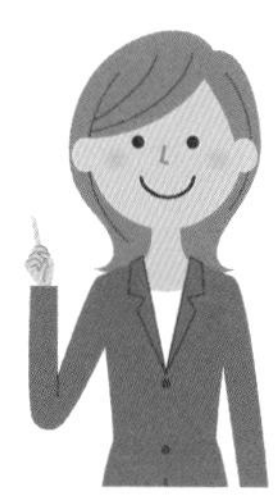

## 1 普段の生活から確認しておくべきこと



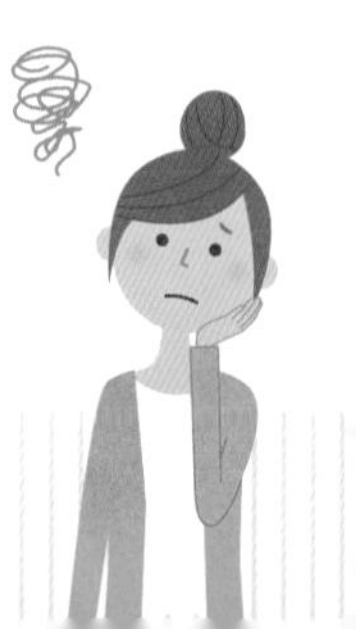

## 2 保険・医療の相談と手続き

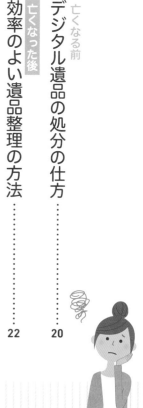

## 3 相続・財産の決め方と手続き



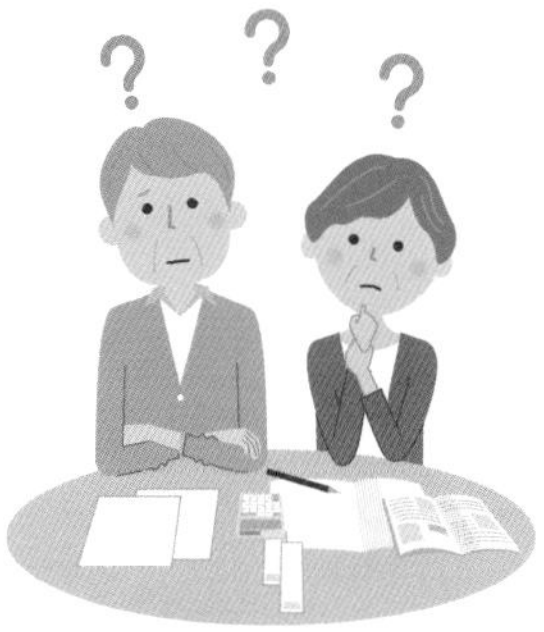

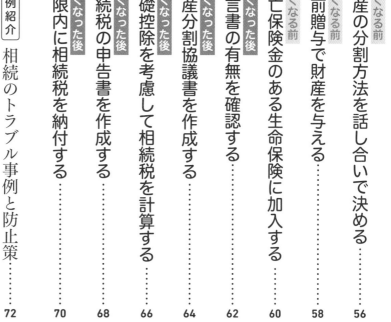

## 4 お葬式の決め方と手続き



## 5 お墓の決め方と手続き

# 1章

# 普段の生活から確認しておくべきこと

死後には、故人の身の回りのものについてさまざまな対応が必要となります。少しでも負担を軽くするために生前から確認しておきたいことを把握しましょう。


【監修】

**山田静江**

CFP® ／終活アドバイザー／
NPO法人ら・し・さ 副理事長

終活の専門家集団、NPO法人ら・し・さ（https://www.ra-shi-sa.jp/）副理事長。1997年からFPとして活動している。相続、エンディングノート、医療・介護、年金など、人生後半期にかかわるテーマに詳しい。


## CONTENTS

亡くなる前
生前整理

## 本人の気持ちを最優先して
# 身の回りのものの整理を相談しよう

### 残したいものはなにか？

好きで集めていたコレクションや仕事で使用していた資料、これまでに読んできた本……など、身の回りの〝もの〟には思い入れがあって、なかなか捨てられない人もいるでしょう。特に、これまで生きてきた時間が長い高齢者は捨てられないものを所有している人が多いかもしれません。

ただ、本人が亡くなってしまった後は荷物の片付けや処分をしなければなりません。そのため、家族の立場からすると、ある程度の荷物は整理して片付けておきたいな、という気持ちもあるかと思います。そのようなときに、「押入れに入っているもの、使ってないから捨ててもいい？」という聞き方をしたり、本人に黙ったまま捨ててしまうと、気持ちを傷つけてしまうかもしれません。

身の回りの整理を始めたいときは、これまでどのような思いで残してきたのか、ということを聞くとよいでしょう。次に、亡くなるときまで身の回りに置いておきたいもの、これだけは死後も残しておいてほしいものを聞き出します。それ以外のものについては、本人に確認しながらひとつずつ整理していきましょう。

もので思い出される記憶や気持ちは、家族にはわからないこともあるでしょうから、本人の気持ちを最優先させることが大切です。

たとえ病床で生活をしていたとしても、頑なに手放さないものは無理に処分しようとせず、ものをきっかけに話をしてみると本人の気持ちも弾み、楽しい会話ができるかもしれません。

これだけ確認

**残したいものを聞き出す**

# 生前整理の進め方

### ❶どんな思いで残してきたのかを聞く

今身の回りにあるものは、なにかしらの思い入れがあるもの。
まずはどんな思いでものを残してきたのかを聞き出そう

↓

### ❷残したいものを聞く

亡くなるまで身の回りに置いておきたいもの、その後も残しておきたいものを聞こう

本人が身の回りに置いておきたいもの

↓

### ❸置いておく

本人が残しておきたいものに関しては、そのままにしておく

残すものとして本人が挙げなかったもの

↓

### ❸確認しながら処分する

残すものに挙げなかったものも、本人に確認しながら処分する

**やってはいけないこと**

黙って捨てたり、処分する前提で話すことはやめよう

**本人の気持ちを優先しましょう**

亡くなる前
生前整理

どんな契約をしているのかを把握して

# 定期購入の見直しをしよう

これだけ確認

**購入しているものを把握する**

## 契約しているものを確認しよう

スマホや生協、ウォーターサーバー、習い事のように、定期的にお金を支払ってサービスを受けたり、ものを買ったりする契約は日常の一部となっています。食品から重いものまで家に運んでくれる生協などは、高齢の利用者も多いのではないでしょうか。

しかし、このような定期購入は、利用者が亡くなったあとすぐに手続きをしないと、不要な荷物が届いてしまったり、余分な料金を支払わなければならなくなってしまったり、といった事態になりかねません。

このような定期購入などの契約に対してスムーズに対応するのは、**契約を把握しておくことが最善といえます。**もちろん、利用していないサービスに関しては解約しておくことがもっともよいですが、本人が充実した生活を送るうえで必要なものに関しては、利用し続けてもらいましょう。

ただし、契約しているものがわからないと、調べるところから始めなければなりませんから、生前に一つひとつ確認しておきます。

把握する際、①料金の支払いが止まることで自動的に解約になるもの、②未払い分は改めて請求がくるものの2つに分けて把握しておきます。

①の場合、わざわざ解約の手続きをしなくてもよいですが、②の場合、そうはいきません。解約手続きを行うまで、未払いの契約として計上され、料金を請求される可能性がありますので、気をつけましょう。

# 契約解約までの流れ

生前

**契約しているものを確認する**

**利用を継続するものをリストアップして把握しておく**
※利用しないものに関しては解約する

↓

**本人の死後、解約が必要なものに関して解約手続きを行う**

**リストアップ内容**

**何を？**
どんなサービスの契約なのか、運営会社を把握する

**手続きの有無**
- 解約手続きが必要なもの
- 支払い停止とともにサービスが止まるものなのかを確認する

**料金の支払い**
- 未払いのまま契約が続いてしまうもの
- 利用していた日まで料金が発生するもの
- 解約料金が必要なもの

# 解約手続きの例

**携帯電話**

**解約方法** → 店舗で手続き
**必要なもの** →
- 死亡届など死亡の事実が確認できる書類
- 携帯電話本体（もしくはSIMカード）
- 解約者の身分証明書

**料金** → 利用した日までの使用料金を請求される

※通信業者によって異なる

**生協**

**解約方法** → 店舗または書類を取り寄せて申請をする
**必要なもの** →
- 出資証書、発行されたカード
- 出資金の振込先口座
- 印鑑 など

**料金** → 出資金の払い戻しがある

## メールなどのデジタルデータはどうするの？

# デジタル遺品の処分の仕方

これだけ確認

**機器とデータの処分がある**

### IDとパスワードを把握しておく

現在、ほとんどの人がもっているスマホ。高齢者向けの商品も発売されるなどして、所有する年齢層も広がっています。

総務省の「平成30年通信利用動向調査」によると、日本のスマホの普及率は約79%に上り、65歳以上の世代でも約56%の人がスマホを所有しています。それとともに、「デジタル遺品」の処分で困る人も増加しており、生前に対応しておくべきものになりました。

デジタル遺品とは、故人のスマホ、パソコンなどのデジタル機器と、それらに保存されているデータなどを指します。

デジタル機器は、初期化するなどして処分することが望ましいですが、大切な写真や取引先のデータを残している場合があります。また、写真やデータがインターネット上にアップされていると、表面上は消すことができても、簡単に復元できてしまうことがあります。削除するのであれば、**専門的なソフトウェアを利用してデータを削除したり、難しい場合には専門家への依頼が必要となるでしょう。**

データを保存しておきたい場合は、それらのデータをUSBメモリやハードディスクなどの記録媒体や、自分が使用しているデジタル機器に移すなどの対応が必要です。

**デジタル機器やデータ自体にIDやパスワードが設定されていることがあるので、あらかじめ本人に聞いておくとよいでしょう。**このとき、手書きだと文字が間違ってしまうことがあり得ますので、ワードやエクセルなどにコピペして残すことが望ましいです。

# デジタル遺品の種類と処分方法

## 1 デジタル機器

デジタルデータを取り扱う家電製品や、通信機能をもつ家電製品のこと

### 処分方法

・小さな家電製品→自治体の決まりにしたがって**不燃ごみ**として出す
・大きな家電製品→自治体の決まりにしたがって**粗大ごみ**として出す

### 主なデジタル機器

・パソコン
・スマートフォン
・タブレット
・デジタルカメラ
・レコーダ
・ハードディスク

## 2 情報、データ

デジタル機器やインターネット上に保存されている情報やデータのこと

### 処分方法

・専門のソフトウェアを使って削除する
・専門家に依頼する
・残しておきたいデータは、削除する前にほかの記録媒体やデジタル機器に移行する

### 主な情報やデータ

・電話番号、メールアドレス
・住所、生年月日などの個人情報
・写真
・重要な書類
・SNS（Facebook、LINE、Instagram、Twitterなど）
・金融取引関係（ネットバンキング、ネット証券など）
・会員サイト、購入サイト

**IDやパスワードの管理**

ワードやエクセルに
コピペしてデータとして
メモしておこう

亡くなった後

遺品整理

保存、処分、譲るものに分けます

# 効率のよい遺品整理の方法

## 1年を目安として遺品を整理

故人の家を処分することで、遺品となった家財道具も一緒に処分してくれると思っている人がいるかもしれません。しかし、家と家財道具の処分は別ですので、遺品整理を行う必要があります。

遺品整理を行う時期は決まっていませんが、1年以内を目安として整理を行いましょう。また、生前に相続財産の対象となる財産リストを作成しておくと、スムーズに整理できます。

遺品整理に向けて準備しておくとよいものがいくつかあります。遺品整理に適した服装は、軍手、汚れてもよい服、マスク、厚手の靴下とスリッパなど。処分のために用意するものは、ごみ袋、ダンボール、ガムテープ、カッターなど。

遺品は大きく3つに分類します。①保存、②処分、③譲るもの（形見分け）の3つです。

①保存しておくもののうち、貴重品と思い出の品として残すものを別に分けておきます。

②処分するものは、処分方法別に分けます。家電や家具などは粗大ごみのほかに、リサイクルショップへ買取を依頼する方法があります。そのほかは、燃えるごみ、燃えないごみなど、自治体の分別方法にしたがって分けておきます。

また、骨董品や美術品、切手、商品券などを集めている人もいます。自分で利用するのもよいですが、こうした価値のあるものはフリマアプリなどで売ることもひとつの手です。

③譲るものは、故人が身につけていたアクセサリーや趣味でコレクションしていたもの。形見として譲るとよいでしょう。

これだけ確認

**財産リスト**を作成する

# 遺品整理の流れ

生前

## 財産リストを作成する

親の所有物のうち、預貯金や不動産、車、株式など金銭価値のあるものは財産とされる。

それらのリストを作成しておくことで、整理がスムーズに進む。

つくり方は50ページ参照

## 死亡

## 道具を準備する

遺品整理をするにあたって道具を準備しよう

**服装** ・軍手　・汚れてもよい服　・マスク　・厚手の靴下、スリッパ

**道具** ・ごみ袋　・ダンボール　・ガムテープ　・カッター など

死亡後1年以内目安

## 遺品を分別する

遺品整理に期限はないが、ものを放置しすぎると、ほこりを被ったり、
害虫が発生したりと、衛生的にもよくない。そのため、1年を目安に遺品整理を行おう。
遺品は**保存・処分・譲渡**の３つに分類する

## 処分の方法を考える

処分するもののうち、家電や家具、燃えるごみ、燃えないごみなど、地域の分別にしたがって処分する。また、リサイクルショップなどに買取してもらう方法もある

## 譲渡する人を考える

故人と縁が深かった人へ遺品を贈ることを形見分けという。

故人が身につけていたものや、愛用していたもの贈るのが一般的

住む、売る、貸すから選択

# 親の家を相続したときの対処法

## 管理していない空き家にはペナルティーがある

親の家を相続したあと、最初にやるべきことは、名義変更です。**法務局で「相続登記」を必ず行います。相続登記をしておかないと、不動産が自分のものだと証明されず、売却や建て替えができません。**

次に、相続した家をどうするかを考えます。選択肢としては、住む、売る、貸す、という3つの方法があります。空き家のまま放置をすると、草木が生い茂って道路にはみ出たり、ごみの放置場所になってしまったりと、近所迷惑となってしまいます。また、適切な管理がされていない空き家の所有者には、罰金などのペナルティーが課されるのです。

**売却する場合、一定の条件を満たせば「被相続人の居住用財産（空き家）を売ったときの特例」が利用できます。**相続などで取得した居住用の土地や建物を2023年12月31日までに売れば、譲渡所得の金額から最高3000万円まで控除することができるというものです。

対象となる空き家の条件は1981年5月31日以前に建築されていること、相続の直前に被相続人以外が住んでいないことなどがあります。また相続開始から3年後の年末までに売却すること、売却代金が1億円以下であることなどの適用要件もあります。

人に貸す場合、借り手がつきやすいようにリフォームや建て替えが必要ならばその費用や、維持費や管理費などがかかります。賃貸のニーズがあるのか、家賃収入はどれくらい見込めるかなどを調べたうえで、検討するとよいでしょう。

これだけ確認

**家を相続したら
まずは
相続登記を
行う**

# 親の家を相続したときの流れ

**相続した人の名義に変える（法務局で相続登記をする）**

↓

**家の扱いを考える**

↓

### 住む

リフォームするか、建て替えるか

### 売る

被相続人の居住用財産（空き家）を売ったときの特例が活用できるか確認

↓

- ・そのまま売るか
- ・更地にして売る

### 貸す

- ・リフォーム、または建て替えるか
- ・賃貸のニーズがあるか
- ・家賃収入の見込みはどれくらいあるか
- ・維持費など、貸すためのコストはどれくらいかかるか

# 相続登記の概要

| | |
|---|---|
| **申請先** | 相続した不動産の所在地を管轄する法務局 |
| **申請できる人** | 相続人（相続した人）、司法書士 |
| **必要な書類など** | 登記申請書、故人や相続する人の戸籍謄本・住民票の写し、遺言書または遺産分割協議書など |

※亡くなった人の戸籍謄本は、法定相続証明情報で代替できる
※遺産分割協議書の場合は、相続人全員の印鑑証明書などが必要

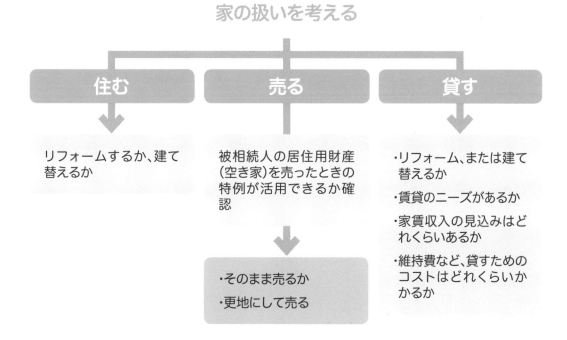

こんなときどうする？

# 名義変更・解約手続き

故人の名義で契約をしている公共料金やクレジットカードなどは、どのようにして対処すればよいのかQ&A方式で解決していきます。

Q&A

Question Answer

## ①

## 公共料金の手続きはどうやって行うの？

### A. 引き続き使用するなら名義変更

公共料金の解約手続きは、契約している会社のサービスセンターなどに連絡をして必要書類を送付してもらいます。また、インターネット上で手続きが完了することもあるので、各会社に問い合わせてみましょう。引き続き使用したい場合は、引き落としの口座を変更します。故人の死亡によって使わなくなる場合は、解約手続きをしましょう。

口座などの引き落としになっている場合、口座の凍結により引き落としができないと、使用できなくなることもあるので注意しましょう。

## ②

## 親の自宅のローンが残っている……！

### A. 団信に入っているかを確認する

住宅ローンの返済中にローンの契約者が死亡または高度障害状態状態になったとき、残りのローンを保証してくれるのが団体信用保険（団信）です。一般的に金融機関でローンを組む際は団体信用保険への加入が義務づけられていることが多いため、契約者である親が亡くなったときは、まず団信に加入しているか確認をしよう。

万が一、団信に入っていなかった場合、ローンは相続人が引き継ぐことになります。

## ③

## 車の名義変更はどうやって行う？

### A. 陸運局で手続きをします

車を相続したら、名義変更が必要です。車の相続手続きは、ナンバープレートを交付された管轄の陸運局に、「移転登録申請書」を提出します。ただし、相続する車が軽自動車の場合、軽自動車検査協会で行います。

売却や廃車を考えている場合でも、こうした手続きは車の所有者、つまり名義人しか行えません。したがって、車に乗らなくても名義変更手続きを必ず行う必要があります。

## ④ 故人のパスポートはどうすればいい？

### A. 返納しましょう

パスポートはその人が日本国民であることを示す公的な身分証明書です。所有者が亡くなった場合、返納しましょう。

返納手続きは、都道府県に設置されているパスポートセンターか、旅券事務所で行います。返納に際して必要なものは、故人のパスポート、死亡届など故人の死亡が確認できる書類、届出人の身分証明書です。

## ⑤ クレジットカードは名義変更できる？

### A. できません。解約して精算しましょう

故人がクレジットカードをもっていた場合は、速やかに解約しましょう。クレジットカードの所有者が亡くなっても、利用停止にはなりません。年会費がある場合、解約手続きをしない限り払い続けることになります。

また、利用停止にならないからといって故人のクレジットカードを家族が利用することは規約違反にあたります。そもそもクレジットカードの名義変更は相続できません。したがって、故人のクレジットカードは解約して、未払い金に関しては精算をしましょう。

## ⑥ ETCカードは解約する必要がある？

### A. あります。解約手続きを行いましょう

故人がETCカードをもっていた場合、解約手続きを行いましょう。まず、ETCカードがクレジットタイプか、デポジットタイプかを調べます。クレジットタイプだった場合、カード会社に連絡して解約手続きを行います。クレジットカードを契約すると、無料のオプションとしてETCカードがついてくることがありますが、そのカードについても別途手続きが必要です。デポジットタイプだった場合、ETCパーソナルカード事務局に連絡し、解約手続きを行います。デポジットの残金がある場合には、およそ1～2カ月で返金されます。

## ⑦ 株式の名義変更はどうやって行うの？

### A. 名義人が所有する証券会社の口座を開く必要があります

株式を相続した場合、遺産分割協議書（64ページ参照）により名義変更手続きを行うことで、引き継いだ人は株式の売買が可能となります。故人が所有していた口座の証券会社の窓口に株式名義書換請求書を提出することで完了します。株式を受け取るためには、受け取る人の証券口座を開設する必要があります。

株式をもっているかわからない場合は、調査から始めなければならず手続きが難航するので、生前にどの証券会社にどれくらいの株を保有しているのか聞いておくとよいでしょう。

来たるとき
への準備
column

## \\ もしものことがある前に //

# 運転免許証返納

高齢者の運転による事故をきっかけに、免許返納について注目が集まっています。
もしものことがある前に、各家庭で免許返納について話し合っておきましょう。

警察庁交通局「平成30年における交通事故死亡事故の特徴等について」によると、免許人口10万人あたりの死亡事故件数は、75歳未満の運転者で3.4件、75歳以上の運転者で8.2件起きており、高齢者の運転では事故が起こりやすいことがわかります。高齢者による事故で被害を受けるのは、被害者だけでなく、高齢者の家族も同じです。多額な損害賠償のリスクや、社会的な制裁を受けることもあるでしょう。事故や、事故による被害を防ぐためにも、家族が運転免許返納を促すことはとても重要であるといえます。

運転免許を自主返納をすることで、返納後５年以内であれば、「運転経歴証明書」の交付を受けることができます。運転経歴証明書は、公的な本人確認書類として認められているほか、バスやタクシーの乗車料金が割引になるなどの特典が受けられるのです。

高齢である身内や、自分たち家族を守るためにも、事故による被害の大きさや、自主返納により受けられるメリットも話しつつ、運転免許返納について真剣に話し合ってみましょう。

もしものために
返納してみては
どうかな
免許証は返納
したくない……

事故によるリスクをしっかり話して返納を促してみましょう

# 2章 保険・医療の相談と手続き

もしものときが訪れる前に確認しておきたい保険の内容や治療方針。
判断能力が低くなる前に親の意向を聞いてみましょう。

【監修】
山田静江

CFP® ／終活アドバイザー／
NPO法人ら・し・さ 副理事長

終活の専門家集団、NPO法人ら・し・さ（https://www.ra-shi-sa.jp/）副理事長。1997年からFPとして活動している。相続、エンディングノート、医療・介護、年金など、人生後半期にかかわるテーマに詳しい。

## CONTENTS

亡くなる前
確認事項

これからの生活を安心して過ごすために

# 保険証券の有無と保障内容を見直す

## 親の現状に合った保険だけに加入する

親が加入している保険の契約内容を知っておくことは、今後のことを考えるうえで重要です。

まず、加入している保険証券が手元にあるか確認します。見当たらないものは再発行の依頼をし、すべてをまとめてひとつの場所に保管しましょう。

保険証券をすべて手元に揃えたら、保険内容を見直します。

**まず確認しておきたいのは、死亡保険金のある生命保険**です。死亡保険金には非課税枠があり、また受取人の手続きだけで受け取れるので（60ページ参照）、相続対策になります。解約返戻金のある終身保険に加入していて、現在、生活資金が足りない場合は、保険を解約して返戻金を生活費にあててもよいです。また、財産を守るために、自然災害や盗難時に備えた損害保険にも加入しておきましょう。

これら以外に加入している保険は、今後も支払う保険料や保障内容、解約金との兼ね合いを踏まえて見直します。見直しのポイントは、いまの生活と希望している今後の生活に保障内容が合っているか否かです。なお、入院に備えて医療保険に加入しているかもしれませんが、これは、治療を目的とした入院時のみ保険金を受け取れる保険です。認知症の人が入院される場合には、個室利用でないと受け取れない場合もあるので、可能であれば契約を続けておきましょう。

見直しが完了したら、**加入している保険の内容を1枚の紙にまとめておき**、万が一のときにすぐ対応できるようにしておきましょう。

これだけ確認

保険内容を
**紙にまとめる**

# 加入している保険の覚書

| | | | | |
|---|---|---|---|---|
| 保険会社 | スタンダーズ生命 | | | |
| 保険名 | ながいきプラン | | | |
| 証券番号 | 12345678 | | | |
| 契約者 | 山田花子 | | | |
| 被保険者 | 山田花子 | | | |
| 種類 | 終身保険 | | | |
| 加入日 | 1995年7月1日 | | | |
| 満期日 | なし | | | |
| 支払方法 | 口座振替 | | | |
| 保険料 | 1万4000円／月 | | | |
| 支払い完了日 | 2020年7月 | | | |
| 満期時にもらえる金額 | — | | | |
| 死亡時にもらえる金額 | 300万円 | | | |
| 入院時にもらえる金額 | 4500円／日 | | | |
| 死亡時受取人 | 子・山田桃子 | | | |
| 備考 | | | | |

亡くなる前
確認事項

認知症などで判断できなくなったときのために

# 治療や介護の希望を聞く

これだけ確認

**延命治療**について
必ず聞こう

### 万が一のときの意思を確認する

本人が判断できなくなったときの治療や介護に対する意思を聞いて、まとめておきましょう。ナーバスな話題なので「私も書いてみたんだけど、書いてみると気持ちも整理できていいよ」などと、自分の経験をもとに切り出してみると話しやすいかもしれません。

**とりわけ確認しておきたいのは、延命治療について**です。近年、医療の進歩により、ある程度は延命できるようになっていますが、その一方で、終末期には医学的介入（治療）をしないほうが楽に過ごせるともいわれています。あと3日でもいいから長生きしてほしい、という子の想いはありますが、本人の希望を聞いておくと、来たるときの決断がしやすくなります。

このほかにも、病名や余命の告知、臓器提供などへの**話を聞いたら、1枚の紙にまとめておきましょう**。あわせて、最期に過ごしたい場所は自宅なのか、施設であれば入居したい施設名や部屋の広さ、食事への希望なども記載しておくとよいです。

なお、医療の治療方針への希望は別途「事前指示書」に書き残します。自分に判断能力がなくなった際に自分の医療やケアについて代わりに判断してほしい人（代理人指示）と、個別的な医療やケアへの希望（内容的指示）をまとめます。いつでも内容を修正してよい書類なので、親と子、両者が確認しやすい場所に保管しておきましょう。

# 親の意志をまとめておこう

確認できたらチェック

## 最期を過ごしたい場所

□自宅　□病院　□介護施設　□わからない
□その他(　　　　　　　　　　　　　　　　)

## 大切にしたいこと

□できる限り自立した生活をしたい
□大切な人との時間を十分に持ちたい
□弱った姿を他人に見せたくない
□食事や排せつは自力でしたい
□静かな場所で過ごしたい
□回復の可能性があれば治療を続けたい
□その他(　　　　　　　　　　　　　　　　)

## 希望したいこと

□病名や余命の告知　□臓器提供　□献体

## 自力で食事ができず、医師から回復不能と判断されたときの栄養摂取手段の希望

□経鼻チューブ栄養　□中心静脈栄養　□胃ろう
□口から入るものだけ食べさせてもらう　□希望しない

## 意思が回復不能としたときに、してほしくないこと

□心肺蘇生　□人工呼吸器　□気管切開　□人工透析
□酸素吸入　□輸血　□昇圧剤や強心剤　□抗がん剤　□点滴

## その他の希望

亡くなる前
確認事項

財産や親を守るために

# 認知症になる前に任意後見契約を結ぶ

これだけ確認

**親族以外**も任意後見人になれる

## 財産の管理や契約を後見人が請け負う

認知症などにより判断能力が低下した場合には「成年後見制度」が利用できます。成年後見制度とは、認知症などでお金の管理や契約などの法律行為ができない人の代わりに、後見人がその人に必要な契約を結んだり、財産を管理したりすることです。

成年後見制度には、認知症などになってから利用する「法定後見」と、判断能力があるうちに契約する「任意後見」があります。法定後見では後見人が誰になるかは、原則として家庭裁判所が決めるため、本人を理解している人が本人の希望に沿った契約等を行えるかどうかわかりません。そのため、**親の生活や財産を守り、親の希望をかなえるためには任意後見契約を結んでおいてもらいましょう。**

任意後見契約ではまず誰を後見人（任意後見人）にするか考えます。後見人は信頼できて金銭の管理ができる人を選ぶようにします。親族以外でもいいので、誰かひとりにお願いするのが不安であれば、たとえば、子どもと金銭管理に詳しい専門家の2人にお願いする方法もあります。任意後見人を選んだら、契約内容（依頼項目や報酬など）を決めます。

任意後見契約の内容が決まったら、本人（親）と任意後見人になってもらいたい人が一緒に公証役場に行って、公正証書で後見契約を結びます。

その後、本人（親）の判断能力が低下したら家庭裁判所に任意後見監督人の選任を依頼します。任意監督人が選任されてはじめて任意後見契約の効力が発生します。任意後見監督人への報酬は月1万～3万円程度です。

# 任意後見契約の流れ

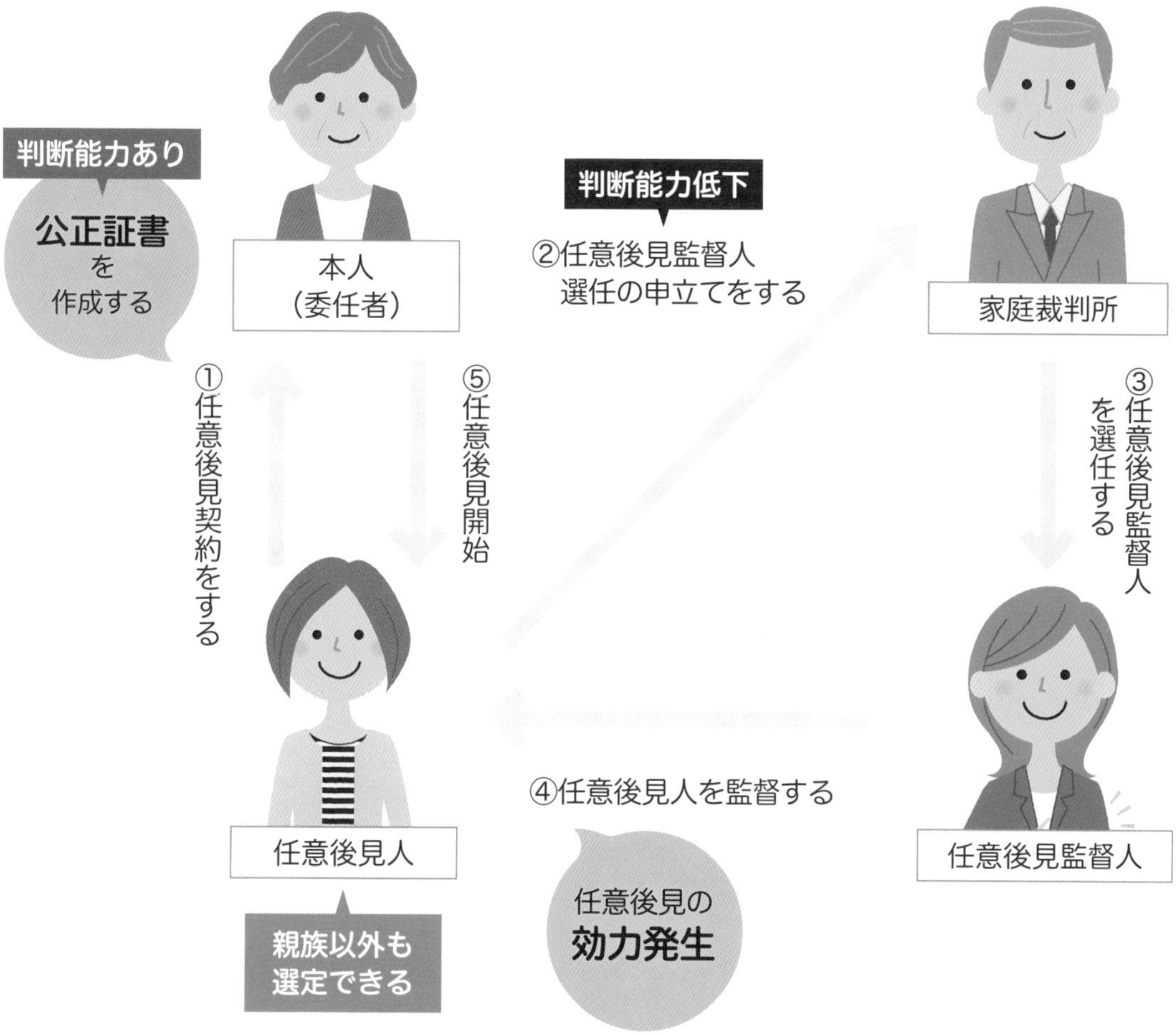


任意後見制度の
**メリット**

・本人の判断能力が低下する前に契約するため、本人の意思で任意後見人を選べる
・契約内容が登記されるため任意後見人の地位が公的に証明される
・任意後見契約で本人の希望を指定することができる
・財産管理に関する法律行為について紛争が生じた場合、任意後見人が訴訟代理人となれる

任意後見制度の
**デメリット**

・死後の処理は委任できない
・任意後見人には取消権がない※
・契約から効力発生までに時間がかかる

※クーリングオフや詐欺、消費者契約違反に該当するような行為を本人（委任者）がしても、任意後見人は契約の取り消しをできない

亡くなる前
確認事項

身体が不自由になったときに備えて

# 改修の検討と介護施設を見学する

これだけ確認

**親の状況をみながらひとつずつ決める**

## 必要なところだけバリアフリー化する

32ページで過ごし方に対する親の希望を確認したら、必要に応じて家の改修やバリアフリー化の検討、もしくは介護施設の見学をしましょう。

最期を家で過ごしたいと望んでいる場合は、家族がどこまで介護できるのかを考えてから改修箇所を検討します。「お風呂をバリアフリー化したけど、自分で入浴させるのは怖くて結局デイサービスを利用した」という話はよくあるので、自宅でどこまで介護できるのか考えてから改修しましょう。

家で介護することになった際には、親の身体の状況に合わせてひとつずつ改修を進めます。また、介護保険との兼ね合いもあるので、①親は介護保険が利用できるのか、②考えている改築は補助金支給の対象となる工事なのか、の2点を確認し、自治体に申し出てから、改築に移りましょう。なお、介護保険制度で受けられる補助金の上限は、被保険者ひとりにつき改修費用は20万円までです（1～3割は自己負担）。

最期を介護施設で過ごしたいと望んでいる場合は、①誰が入所時の保証人となるのか、②費用はいくらまで出せるのか、③親と子、どちらの家に近い場所で探すのか、の3点を決めてから、介護施設を探すとよいです。実際に見学に行った際には、サービス内容や雰囲気、部屋の大きさなどを確認しましょう。

また、その介護施設では、看取りまで行ってくれるのか、認知症がひどくなった場合に退所させられるおそれはないか、という点も必ず確認しておいてください。

# 介護認定から補助金受給までの流れ

**介護認定を受ける**
- 自治体から要支援or要介護認定を受ける

↓

**介護認定を受ける**
- ケアマネジャーなどと改修プランを検討する
- 施工業者を選ぶ

↓

**施工業者と打ち合わせする**
- 工事の内容を確認する
- 契約前に自治体に申し出る
- 見積書を作成してもらう

↓

**市区町村に申請書を提出する**
- 書類を提出する

□住宅改修費支給申請書
□住宅改修理由書
□工事見積書・工事図面
□改修前の状況が確認できる写真など

↓

**決定・施行**
- 決定通知書が届いたら改修を依頼する
- 費用の全額を支払い、施工業者から領収書をもらう

↓

**市区町村に書類を提出する**
- 書類を提出する

□改修前後の状態の分かる図面や写真
□領収書　□工事費の内訳書
□住宅の所有者の承諾書
（所有者が異なる場合のみ）

↓

**補助金を受給する**
- 支給上限額20万円※

※7～9割(14～18万円)が支給されることが多い

**介護認定のレベル**

高
要介護5
要介護4
要介護3
要介護2
要介護1
要支援2
要支援1
低

**介護保険の対象となる改修**

❶手すりの取り付け
❷段差の解消
❸床材または通路面の材料変更
❹引き戸などの扉の取り替え
❺洋式便所などへの便器の取り替え
❻①～⑤の改修に伴い必要になる工事

# 公的医療保険の資格喪失の手続き

手続き時には扶養家族の分もいったん返却する

**これだけ確認**

**死後14日以内に役所で行う**

## 故人が世帯主の場合 家族の保険証も返却する

死亡後は公的医療保険の資格を失うため、故人の保険証を返却する必要があります。

故人が国民健康保険加入者であれば「国民健康保険資格喪失届」を、後期高齢者医療制度加入者であれば「後期高齢者医療資格喪失届」を市区町村役所に提出し、同時に故人の保険証を返却しましょう。手続きの期限は、死後14日以内です。故人が世帯主であり、家族も国民健康保険加入者の場合、家族の保険証も返却し、世帯主を変更した新たな保険証を発行してもらいます。なお、自治体によっては、死亡届を提出すれば資格喪失届の提出は不要となる場合があります。

故人が健康保険、もしくは共済組合加入者の場合は、原則、事業主が保険者資格喪失届を日本年金機構に提出するケースが多いです。その場合、故人が働いていた会社に連絡をして保険証返却のタイミングや必要な書類の有無などを聞きましょう。

また、故人の扶養に入っている家族についても、故人のものと一緒に保険証を返却して、ほかの家族の扶養者として健康保険に加入し直すか、国民健康保険へ加入し直すなどの手続きが必要です。

家族の保険証の変更手続きをせずに保険証を使用し続けていると、保険者が立て替えた自己負担外の医療費を後日請求されるので、家族分の手続きも必ず行いましょう。

そして、故人が年金受給者であれば、「受給権者死亡届」を提出し、年金給付の停止手続きを行います。提出期限は、故人が亡くなってから14日以内です。

# 国民健康保険の資格喪失手続きの流れ

**死亡**

↓

死亡後14日以内

**「資格喪失届」を提出し保険証を返却する**

↓

結果

故人に扶養家族がいる場合

**国民健康保険の世帯主が変更される**

**資格喪失届の提出方法**

**どこに？**

・故人の住民票のある市区町村役所

・故人が会社員の場合は会社へ返却

**だれが？**

故人の親族や同居人、代理人

**一緒に出すもの**

故人の保険証、死亡を確認する書類、届出人の本人確認書類、印鑑

# 年金の受給停止手続きの流れ

**死亡**

↓

死亡後14日以内

**「受給権者死亡届」を提出する**

↓

結果

**年金の支給が停止する**

※マイナンバーを通知している場合には手続きを省略できる

**受給権者死亡届の提出方法**

**どこに？**

管轄の年金事務所、もしくは街角の年金相談センター

**だれが？**

故人の親族や代理人

**一緒に出すもの**

故人の年金証書、死亡の事実を明らかにできる書類

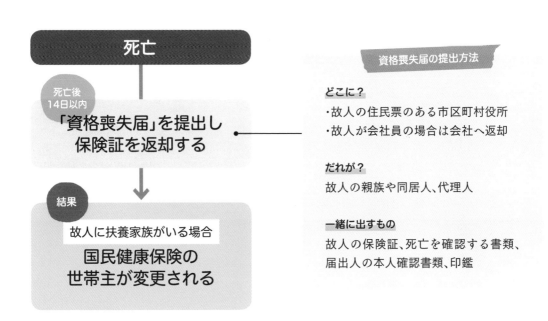

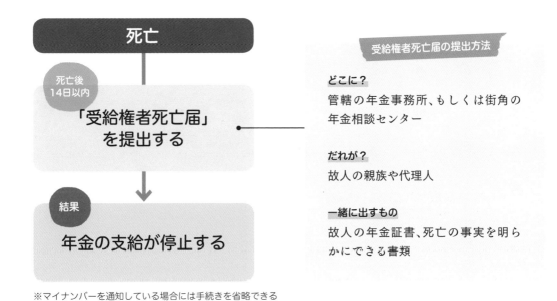

亡くなった後
手続き

一定額を超えた医療費を支払っていたら行う

# 高額療養費 払い戻しの手続き

これだけ確認

**診察後**
**2年1カ月以内に**
**役所で行う**

## 高額だった医療費は払い戻しが可能

入院などによって、1カ月間（1日から末日まで）の医療費が高額になってしまった際に、一定の金額の払い戻しを受けられる制度があります。それが「高額療養費制度」です。

この制度を利用すると、一月あたりの医療費が自己負担限度額を超えたとき、その差額分の還付を受けることができます。

自己負担限度額は年齢や所得によって異なりますが、たとえば70歳未満で年収３７０～７７０万円未満の人が1カ月間に医療費を１００万円支払った場合、自己負担限度額は約9万円となるので、約91万円が還付されます。なお、どの年齢でも保険適応外の診療や入院時の差額ベッド代、食事代は自己負担限度額の対象外です。

故人が自己負担額を超える医療費を支払っていたら、診察を受けた月の翌月の初日から2年以内に「高額療養費支給申請書」を提出しましょう。提出先は、故人が国民健康保険加入者であれば住所地にある市区町村の役所、健康保険加入者であれば健康保険組合または協会けんぽです。提出後、おおよそ3カ月後に払い戻しを受けられます。

なお、加入している医療保険制度によっては、医療費を支払った2～3カ月後に「高額療養費の払い戻しのお知らせ」が届くので、通知がきたら故人の医療費を確認して申請します。

また、故人が複数の医療機関で受診していた場合などに申請できる「世帯合算」や、過去3回高額療養費の払い戻しを受けた場合、4回目から自己負担額がさがる「多回数該当」も必要に応じて申請しましょう。

# 高額療養費の自己負担限度額

## ■70歳未満の場合

| 所得区分(年収の目安) | 自己負担限度額 | 多回数該当 |
|---|---|---|
| 年収1160万円〜 | 25万2600円＋(総医療費–84万2000円)×1% | 14万100円 |
| 年収770万〜1160万円未満 | 16万7400円＋(総医療費–55万8000円)×1% | 9万3000円 |
| 年収370万〜770万円未満 | 8万100円＋(総医療費–26万7000円)×1% | 4万4400円 |
| 〜年収370万円未満 | 5万7600円 | 4万4400円 |
| 住民税非課税者 | 3万5400円 | 2万4600円 |

## ■70歳以上の場合

<table>
<tr><th colspan="2" rowspan="2">所得区分(年収の目安)</th><th colspan="2">自己負担限度額</th></tr>
<tr><th>外来<br>(個人ごと)</th><th>外来・入院<br>(世帯)</th></tr>
<tr><td colspan="2">年収1160万円〜<br>高齢受給者証の負担割合が3割</td><td colspan="2">25万2600円＋(総医療費–84万2000円)×1%</td></tr>
<tr><td colspan="2">年収770万〜1160万円未満<br>高齢受給者証の負担割合が3割</td><td colspan="2">16万7400円+(総医療費–55万8000円)×1%</td></tr>
<tr><td colspan="2">年収370万〜770万円未満<br>高齢受給者証の負担割合が3割</td><td colspan="2">8万100円+(総医療費–26万7000円)×1%</td></tr>
<tr><td colspan="2">年収156万〜370万円未満</td><td>1万8000円<br>(年間上限14万4000円)</td><td>5万7600円<br>(年間上限なし)</td></tr>
<tr><td rowspan="2">住民税非課税者</td><td>住民税非課税世帯</td><td rowspan="2">8000円</td><td>2万4600円</td></tr>
<tr><td>所得が<br>一定以下の世帯</td><td>1万5000円</td></tr>
</table>

## 医療費が10万円以上の場合は

# 準確定申告をして医療費控除を受ける

これだけ確認

**死後4カ月以内に税務署で行う**

### 死亡日当日までの医療費が控除される

亡くなった人が、1年間（1月1日〜12月31日のあいだ）で10万円以上の医療費を支払った場合、**医療費控除を受けられます**。控除を受けるために、「準確定申告」をしましょう。なお、給与収入や年金収入のほかに20万円以上の所得があるなどの場合は（図参照）、必ず準確定申告をします。

準確定申告とは、亡くなった人の所得にかかる確定申告をすることで、原則、相続人全員の連署によって申告と納税をする必要があります。

申告と納税の期限は、故人が亡くなったことを知った日の翌日から4カ月以内。故人が12月25日に死亡したら、翌年の4月25日が期限となります。通常の確定申告の期限は3月15日ですが、4カ月以内であればこれを過ぎていても問題ありません。故人が亡くなったときの納税地にある税務署へ、「準確定申告書」を提出しましょう。

控除の対象となるのは、**死亡日当日までに支払った医療費**です。病院で亡くなった当日に支払った医療費や後日支払った医療費は対象外となります。そのかわり、相続の手続きの際、債務控除できます。なお**配偶者や子が支払った医療費は、準確定申告の対象外となりますが**、故人と医療費の支払者が生計を同一としていた場合は（生計一）、支払者の確定申告時に医療費控除ができます。

控除の対象となる医療費は、入院費や薬の費用に加え、入れ歯の治療費用や6カ月以上寝たきりだった人のおむつ代、訪問看護などの介護費用なども含まれます。

# 医療費控除の対象者

| 医療費の支払者 | 支払いのタイミング | |
|---|---|---|
| | 死亡前 | 死亡後 |
| 故人 | 準確定申告時に医療費控除を受ける | — |
| 相続人（生計を同一とする者） | 相続人の確定申告時に医療費控除を受ける | |
| 上記以外 | 医療費控除対象外 | |

生計一の親族なら
控除の対象となります

# 準確定申告の要否と手続きの流れ

**準確定申告が必要なケース**

**ケース1**
給与や年金収入のほかに20万円以上の所得がある

**ケース2**
2カ所以上から給与を受け取っている

**ケース3**
公的年金などの収入が400万円を超えている

**ケース4**
土地や建物の売却をした

**ケース5**
保険金などを受け取った

**ケース6**
事業を営んでいた

**ケース7**
不動産を運用していた

**医療費控除以外でも準確定申告は必要！**

**所得税の準確定申告書と確定申告書付表を記入**
※書類は税務署で入手できる

↓

死亡後4カ月以内

**必要書類を税務署へ提出**

e-tax※でも提出可能

- ☐ 所得税の準確定申告書
- ☐ 確定申告書付表
- ☐ 年金や給与の源泉徴収票
- ☐ 医療費等の領収書

※https://www.e-tax.nta.go.jp/

亡くなった後
手続き

# 故人が生命保険に加入していたら行う
# 死亡保険金の受け取り手続き

これだけ確認

**死後3年以内に手続きする**

## 請求手続きは受取人のみが行える

故人が生命保険に加入していたら（60ページ参照）、死亡保険金受取の手続きを行いましょう。故人が生命保険に加入していたかわからないときは、保険会社から郵便物が届いていないかなど確認してみてください。

**被保険者が亡くなったら、受取人に指定されている人が保険会社に連絡を入れます**。すると、「死亡保険金請求書」の案内が届くので、必要事項を記入し、被保険者（故人）の住民票や受取人の戸籍謄本、医師の死亡診断書あるいは死体検案書などの必要書類を用意し、保険会社へ送付しましょう。

書類提出後、保険会社で支払い可否の審査がされ、決済されたら死亡保険金を受け取れます。支払可否の審査から保険金を受け取るまでの期間は各社によって異なりますが、おおよその目安は保険会社に書類が届いてから5営業日以内です。書類に不備がある場合や告知義務などについての確認が必要な場合は45日以内が支払期限となり、受取までに時間がかかってしまうので、不備のない書類を提出しましょう。

**死亡保険金の受け取り手続きをできるのは、基本的に受取人に指定された人のみ**ですが、受取人が相続人とだけ指定されている場合や、受取人が2人以上いる場合、受取人に指定されていた人が先に亡くなった場合などには、「代表選任届」など別途書類が必要なケースもあるので、加入している保険会社に確認をとりましょう。

なお、生命保険の保険金請求ができるのは、原則として被保険者の死後3年以内です。

# 死亡保険金受け取り手続きの流れ

**死亡**

↓

**保険会社に連絡**

↓

**提出書類の案内が送付される**

↓

**請求手続きをする**

↓

死亡後5営業日後

**支払可否の審査**

↓

結果

**死亡保険金の受け取り**

※支払期限は45日以内

### 手続きできる人

①受取人
②相続人
③代表選任者
※代表選任届によって選任された人

### 死亡保険金の請求方法

**どこに？**

加入している生命保険会社

**なにが必要？**

- □ 死亡保険金請求書
- □ 医師の死亡診断書
- □ 受取人の戸籍抄本・印鑑証明
- □ 被保険者の住民票

など

### 死亡保険金は相続財産にならない

死亡保険金は、受取人の財産となるため相続財産にはなりませんが、「みなし相続財産」と扱われるため課税対象となります。しかし、死亡保険金には特別な非課税枠が設けられており、一定の金額が控除されます（60ページ参照）。

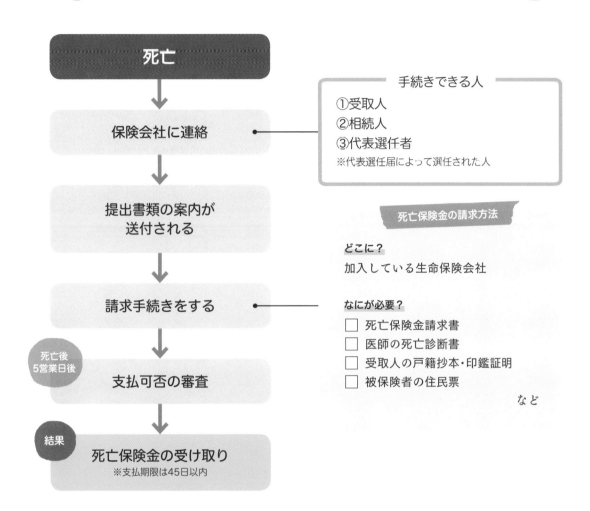

亡くなった後

手続き

遺族の生活を安定させるために必要な

# 遺族年金の受け取り手続き

## 故人の加入年金によって受給金額が異なる

世帯の生計を維持していた人が亡くなった場合、遺族は経済的に大きな負荷がかかるため「遺族年金」を受給できる場合があります。

遺族年金の対象者は、故人によって生計を維持されていて、前年の年収が850万円未満、あるいは、およそ5年以内に退職などによって年収が850万円未満になる遺族です。

遺族年金には、「遺族基礎年金」と「遺族厚生年金」があり、故人が国民年金だけに加入していた場合は遺族基礎年金のみの受給、故人が国民年金と厚生年金に加入していた場合は遺族基礎年金と遺族厚生年金の両方を受給できる可能性があります。

遺族基礎年金を受給できるのは、18歳到達年度の末日（3月31日）を経過していない子（障害者等級1・2級がある場合は20歳未満の子）、あるいはその子をもつ故人の配偶者です。年間支給金額は、基本額が約78万円。そこに、子どもの数によって加算額が加わります。

遺族厚生年金は、妻や子、孫、55歳以上の夫、父母、祖父母と受給対象が多くなっています。ただし、子がない妻が夫の死亡時に30歳未満だった場合は5年間しか受給できません。

遺族厚生年金の受給額は故人が受け取るはずだった報酬比例部分に4分の3をかけた金額が基準となります。

申請に必要な「年金請求書」の入手先と提出先は、年金事務所または街角の年金相談センターです。請求書にマイナンバーなどの必要事項を記入し、戸籍謄本や死亡診断書などを持参し、手続きをしましょう。

これだけ確認

死後**5年以内**に**年金事務所**で行う

# 遺族年金の受給要件

## 遺族基礎年金

**故人の要件**

- 国民年金に加入中だった
- 国民年金に加入していて、日本国内に住所がある60歳～65歳
- 老齢基礎年金の受給資格※1期間を満たしている

**遺族の要件**

- 故人に生計を維持され、生計が同一だった
- 年収が850万円未満
- 子のある妻・夫、子

## 遺族厚生年金

18歳未満の子がいなくても受給できる

**故人の要件**

- 厚生年金に加入していた
- 被保険者が期間中の傷病がもとで初診から5年以内に死亡した
- 老齢厚生年金の資格※2期間を満たしていた
- 1・2級の障害厚生年金の受給権があった

**遺族の要件**

- 故人が生計を維持、生計が同一だった
- 年収が850万円未満
- 妻、子、55歳以上の夫
- 55歳以上の父母
- 孫
- 55歳以上の祖父母

※1　10年以上保険料を納付している
※2　厚生年金保険の被保険者期間が1カ月以上ある

# 遺族年金受給の流れ

**死亡**

↓

（死亡後5年以内）年金請求書を年金事務所へ提出

↓

裁定通知書が届く

↓

（結果）支給開始

**年金請求書の提出方法**

**どこに？**

年金事務所or街角の年金センター

**だれが？**

受給資格のある遺族

**必要なものは？**

- 年金請求書
- 戸籍謄本
- 住民票
- 受取人の収入が確認できる書類
- 死亡診断書
- 受取人の銀行口座の通帳など
- 印鑑

偶数月の15日に年金が振り込まれます

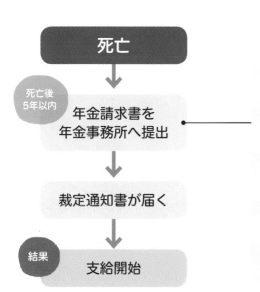

来たるとき
への準備
column

### \\ 老後のお金はどれくらい必要なの？ //

# 治療や介護に必要な費用

治療や介護などを考えるうえで、現実問題として気になるのは費用面のこと。
どんなことにいくら必要なのか確認しておきましょう。

高齢者になって不安なことは、ガンといった大きな病気にかかること。ガンの治療法には、手術や抗がん剤などの化学療法、放射線治療の３つがあります。これらは保険が適用されるため、一定の金額を超えると高額療養費制度によって還付されます。しかし、末期がんだった場合などに行われる重粒子線治療などの先進医療は、健康保険が適用されないため、数百万円以上の費用がかかってしまいます。また、入院着のレンタル代や見舞いの交通費など、治療費以外の費用にも目を向けましょう。

また、介護を受けるためにも少なくない費用がかかります。生命保険文化センターの調査によると介護にあたって一時的に要した費用の平均は69万円、月々の費用の平均は7.8万円となっています。

自宅介護では介護する人の負担が大きく、仕事を辞めたり減らしたりすることで、収入減となることも。施設等の場合、介護付有料老人ホームでは月額費用は15万～ 30万円、特別養護老人ホームでも８万～ 15万円程度（収入による）はかかります。選択肢や費用について、事前に調べておきましょう。

## ■がんの治療方法とその費用

| 治療方法 | おおよその費用 | 保険適用 |
|---|---|---|
| 手術 | 30～100万円 | 公的医療保険適用 |
| 化学療法 | 5～70万円 | |
| 放射線治療 | 10～50万円 | |
| 先進医療 | 10万円～300万円 | 公的医療保険適用外 |

※手術･化学療法･放射線治療の費用は、高額療養費適用前の金額
※先進医療の費用（技術料）は、全額自己負担

3章

# 相続・財産の決め方と手続き

どんなに仲のよい家族でも揉める可能性の高い相続。事前に対策しておくことで、争族を防げます。

【監修】

## 角田壮平

税理士／
税理士法人トゥモローズ 代表

東京都江戸川区出身、アクタス税理士法人、EY税埋士法人、税理士法人チェスター専務役員を経て相続に専門特化する税英紙法人トゥモローズを設立。謙虚に、素直に、誠実に、お客様の相続に最善を尽くします。

## CONTENTS

**亡くなる前**
確認事項

# 死後に財産の把握をしやすいように
# 家族に遺したい財産を決める

**これだけ確認**

**財産目録の作成で争族を防ぐ**

## 財産の一覧表を作成して相続財産を把握する

相続を考える第一歩として、まずは財産の一覧表を作成してみましょう。

親しか知らない財産が存在している可能性もあるので、身の回りのものの整理と合わせて、前もって財産を把握しておきましょう。また、裁判所に持ち込まれる相続トラブルのうち、およそ3割は相続財産1000万円以下で起こっています。相続する(させる)財産がないと思っていても、一度財産の一覧表を作成して、相続について考えてみましょう。

なお、財産には、預貯金や不動産などのプラスの財産と、借入金や車のローンといった借入金などのマイナスの財産があります。相続と聞くとプラスの財産を思い浮かべることが多いかもしれませんが、民法上、被相続人（故人）が亡くなったときに保有していたすべての財産が相続の対象となるので、マイナスの財産も相続財産となるのです。

財産の一覧表を作成したら、詳細まで書き加えた「財産目録」をつくりましょう。財産目録は、相続税の申告書の作成に必要な書類なので、早めにつくっておくに越したことはありません。

財産目録に決まった書き方はありませんが、預貯金であれば、銀行名や支店名、口座番号に加えて預金種目（普通預金、定期預金）まで記載しましょう。不動産であれば、地番まで所在地を記載し、負債は価額の前にマイナスをつけて表記します。相続財産の種類や数量、試算の割合まで正確に記載するのがポイントです。

# 財産目録のつくり方

## 財産目録

作成日：○○年○○月○○日
作成者：○○○○

### 1. 不動産

| 所在 | 地目・種類 | 面積（㎡） | 価額（円） | 備考（賃貸借・持分等） |
|---|---|---|---|---|
| 東京都新宿区○○1-1-1 | 宅地 | ○○.○○ | 20,000,000 | |
| 東京都新宿区○○1-1-1 | ○○ビル<br>RC造4階建て | 1階：○○.○○<br>2階：○○.○○ | 10,000,000 | |

### 2. 預貯金・現金・有価証券

| 金融機関・支店 | 種別 | 口座番号 or 銘柄数量 | 価額（円） | 備考 |
|---|---|---|---|---|
| ○○銀行○○支店 | 普通 | ○○○○○○○ | 5,000,000 | |
| ― | 現金 | ― | 300,000 | |
| ○○証券○○支店 | 株式（上場） | ○○自動車　200株 | 2,000,000 | |

**有価証券**は
書き忘れがちなので注意！

### 3. 動産・宝物

| 名称または種類 | 所在、番号など特定できる情報 | 価額（円） | |
|---|---|---|---|
| トヨタ　プリウス | 品川○○○　あ○○○○ | 1,200,000 | |
| ロレックス　サブマリーナ | 自宅、製造番号○○○○○ | 1,000,000 | ○○年購入 |

### 4. 生命保険等、みなし相続財産

| 名称または種類 | 所在、番号等特定できる情報 | 価額（円） | 備考（受取人等） |
|---|---|---|---|
| 生命保険　○○生命 | 証券番号○○○○○ | 10,000,000 | 受取人○○ |
| 生前贈与 | ○○年○○月○○日に○○に贈与 | 2,000,000 | 教育資金とし |

金額の前に
**マイナス**をつける

### 5. 負債・葬儀費用等

| 名称または種類 | 所在、番号等特定できる情報 | 価額（円） | 備考 |
|---|---|---|---|
| 借入金 | ○○銀行 | −8,000,000 | |
| 預り敷金 | テナント | −600,000 | |

**みなし相続財産とは、
死亡保険金など、
被相続人が亡くなったことで
相続人のものになった
財産のことです**

亡くなる前
確認事項

相続する権利の範囲を決めるために

# 法定相続人と相続順位の確認

これだけ確認

**相続順位の高い人に相続権がある**

## 戸籍謄本を集め相続人関係図を作成します

親族であれば、誰もが財産を相続できるというわけではありません。**民法では、相続する権利がおよぶ範囲が定められており、それに当てはまる人のことを「法定相続人」と呼びます。**

法定相続人を決めるために、生まれてから現在までの親の戸籍謄本をすべて集め、相続人となる可能性がある人を調べましょう。戸籍謄本は、これまでに住んでいた市区町村の役場の戸籍課や住民課（地域によって異なる）の窓口やネットで請求できます。

戸籍謄本を手元に用意したら、それをもとに「相続関係説明図」をつくります。これは実際に相続が起こったときに、法務局での相続人確認作業の際に必要となる書類です。

相続関係説明図を作成して血族を把握したら、法定相続人を確認していきましょう。

**原則、親（被相続人）の配偶者と血族（子、父母、兄弟姉妹）に、法定相続人として相続財産を受け取る権利があります。**

配偶者は必ず法定相続人とみなされ、相続を受け取る権利があります。そのほかの親族は順位によって法定相続人となるかが決まっているため、順位の一番高い人が配偶者と一緒に法定相続人となります。

順位は、第1順位が子（直系卑属：子・孫など自分より後の世代）、第2順位が父母（直系尊属：父母・祖父母など自分より前の世代）、第3順位が兄弟姉妹と定められています。たとえば、被相続人に子がいれば配偶者と子が、子がいなければ配偶者と父母が法定相続人となるのです。

# 法定相続人の相続順位

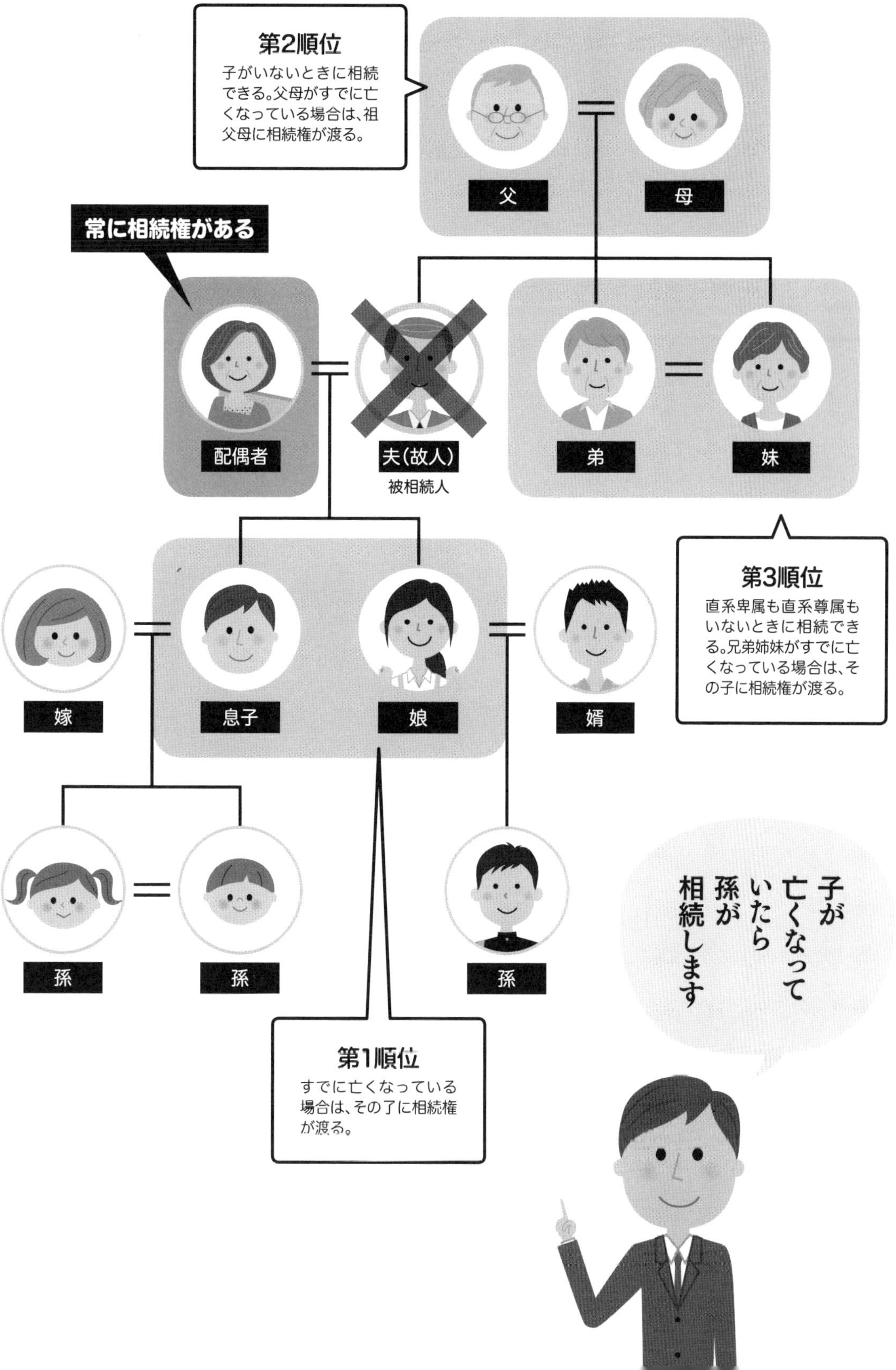
第2順位
子がいないときに相続できる。父母がすでに亡くなっている場合は、祖父母に相続権が渡る。
父
母
常に相続権がある
配偶者
夫(故人)
被相続人
弟
妹
第3順位
直系卑属も直系尊属もいないときに相続できる。兄弟姉妹がすでに亡くなっている場合は、その子に相続権が渡る。
嫁
息子
娘
婿
孫
孫
孫
第1順位
すでに亡くなっている場合は、その子に相続権が渡る。
子が亡くなっていたら孫が相続します

亡くなる前
確認事項

迷わず財産を分けるために

# 法定相続分を知って公平に相続する

これだけ確認

**配偶者は**
**財産の2分の1を**
**必ず相続できる**

## 財産をどの割合で分けるか決めます

財産を相続する際に気になるのは、なにをどのくらい相続できるのか、財産はどのように分けるのか（56ページ参照）、相続税はいくらくらい納める必要があるのか（66ページ参照）ということでしょうか。

**一人あたりの相続財産分は、民法で定められた相続の割合である「法定相続分」を目安に決**めるとよいでしょう。

たとえば、3000万円の現金を、配偶者と、相続人第1順位の長男、長女2人の計3人で分割する場合で考えてみましょう。この場合、法定相続分は配偶者と子（長男、長女）で2分の1ずつとなり、配偶者と子がそれぞれ1500万円ずつ相続します。子の人数は2人なので、1500万円を2で割って均等に、すなわち長男と長女がそれぞれ750万円ずつ相続することになります。したがって、3000万円の財産を法定相続分に沿って分割すると、配偶者が1500万円を、長男が750万円、長女が750万円を相続することになるのです。

**法定相続分は、法定相続人や順位、人数によって変動します。**

配偶者と相続人第3順位である弟で遺産を分割する場合、配偶者の法定相続分は4分の3、弟の法定相続分は4分の1となります。よって、3000万円の現金のうち、配偶者が2250万円を、弟が750万円を相続することになるのです。

なお、被相続人に子も父母もいない場合は、さらに配偶者の法定相続分の比率が高くなり、ほかの法定相続人がいない場合は、配偶者がすべての遺産を相続します。

# 法定相続分に沿った財産分割の方法

■遺産が3000万円の場合

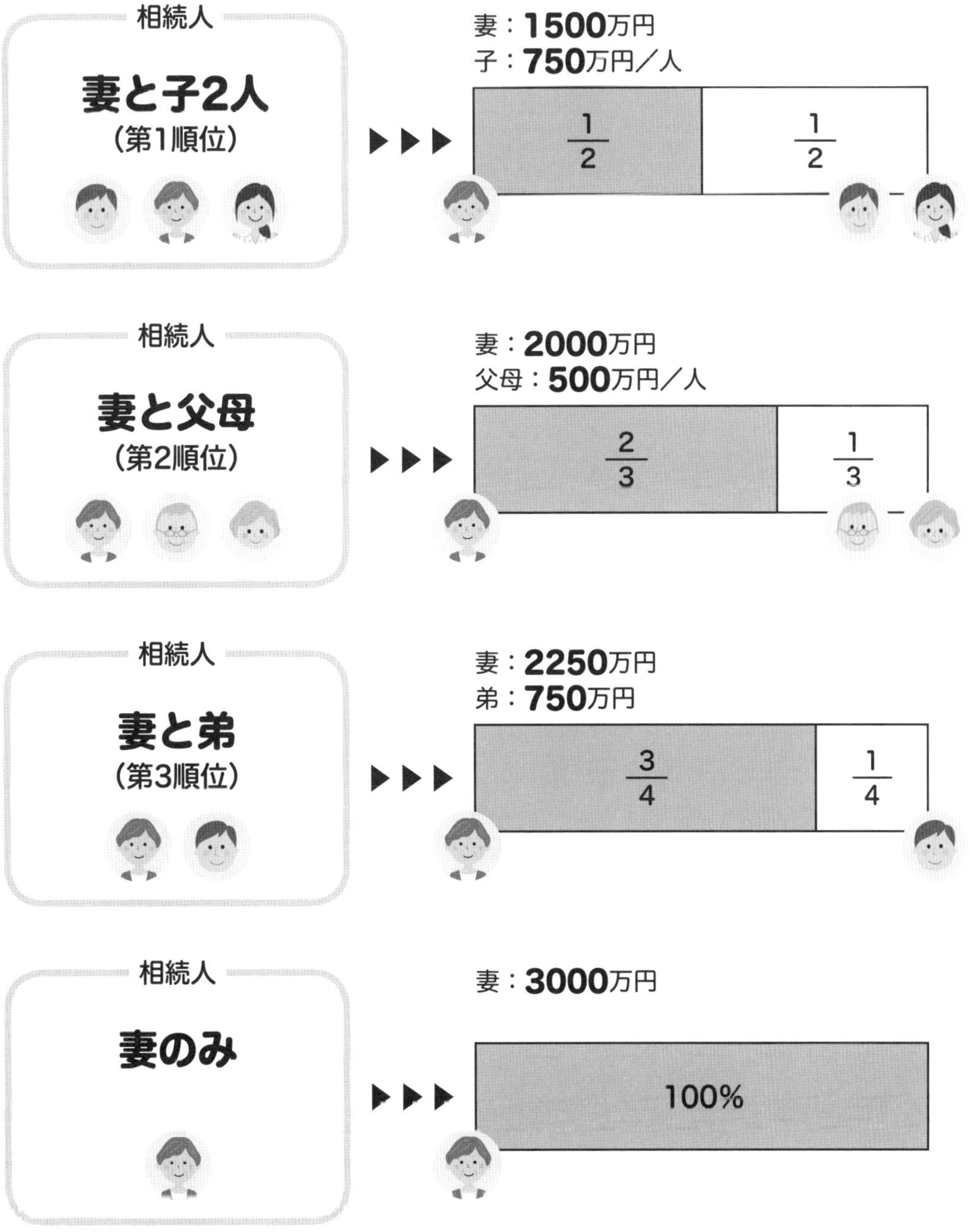

亡くなる前

確認事項

公平に財産を分けるために

# 遺産の分割方法を話し合いで決める

**遺産の分割方法は法定相続人全員で決めます**

誰がどのくらいの割合で財産を相続するかに加え、誰がなにを相続するのか、遺産の分割方法を決めましょう。なお、これらを決める話し合いを「遺産分割協議」といい、法定相続人全員で行います。なお、話し合った内容は遺産分割協議書にまとめます（64ページ参照）。

**遺産分割には、「現物分割」「代償分割」「共有分割」「換価分割」の4つの方法があります。**

「現物分割」とは、配偶者が不動産を、長男が現金をと、現物のまま相続することをいいます。

「代償分割」とは、ひとりの相続人が特定の財産を相続する代わりに、ほかの相続人に対して代償金を支払う方法です。たとえば、相続財産が時価5000万円の土地だけで、それを配偶者のみが相続する場合、法定相続どおり分けるなら、配偶者が子に対して、法定相続分である現金2500万円を代償金として支払います。そのため、配偶者は現金で2500万円を用意しなければなりません。

「共有分割」とは、相続財産を遺産分割協議や法定相続分に応じて共有する分割方法で、家など、公平に分けられない財産だけを相続する場合に有効です。

「換価分割」とは、相続した財産をお金に換金（以下「換価」という）したうえで、分割する方法です。この方法は、土地を相続するものの、相続税を支払うための現金がないときなどに有効で、その土地を換価してから分割することによって、その代金で相続税が支払えるようになります。相続した財産を手放すことになってしまうので、最終手段と考えるとよいでしょう。

これだけ確認

**分割方法は4通りある**

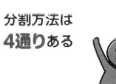

# 4つの遺産分割方法

## ❶現物分割

相続人が財産をそのまま相続する方法。等分に分けることがむずかしいため、不公平感が生じないように話し合いで決める。

**Point 現物をそのまま分ける**

## ❷代償分割

1人の相続人が財産を相続し、ほかの相続人に代償金を支払う方法。財産を相続する相続人に経済力がないとむずかしい。

**Point 代償金を支払う**

## ❸換価分割

財産を売却して現金に換える方法。正確に分けられるが、遺された物を失ってしまう。

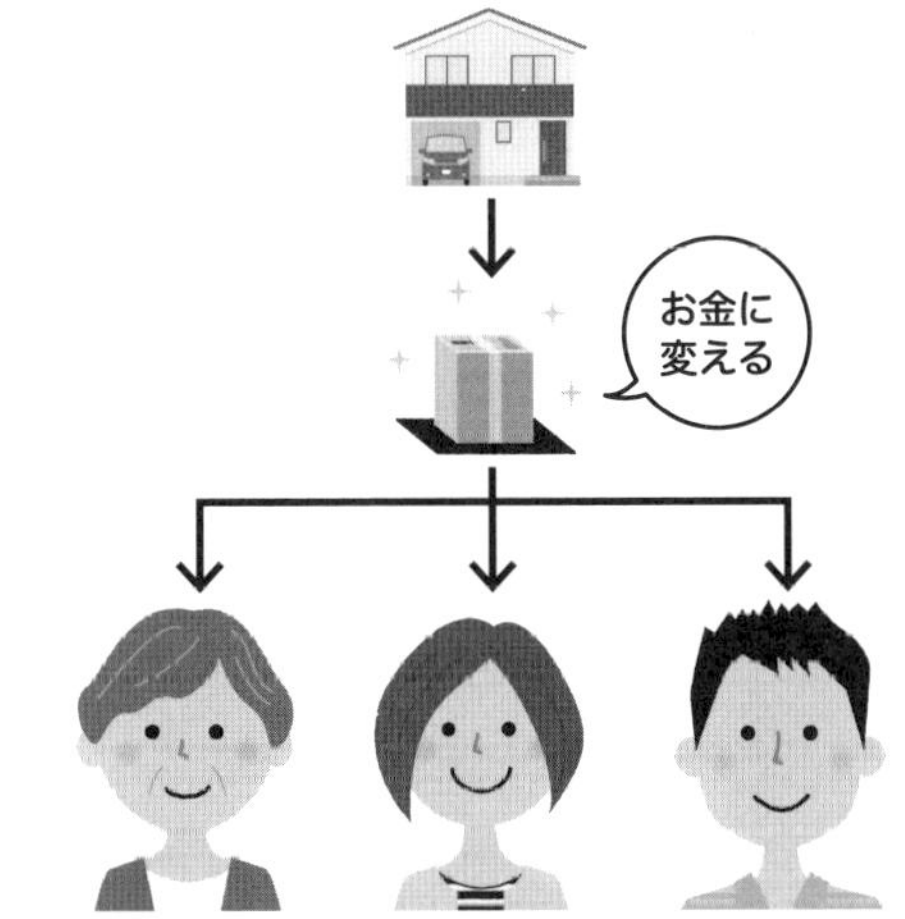


**Point 財産を現金に換える**

## ❹共有分割

財産を相続人全員で共有する方法。共有者全員が同意しない限り、売却や建築などの処分ができないため、トラブルになりやすい。

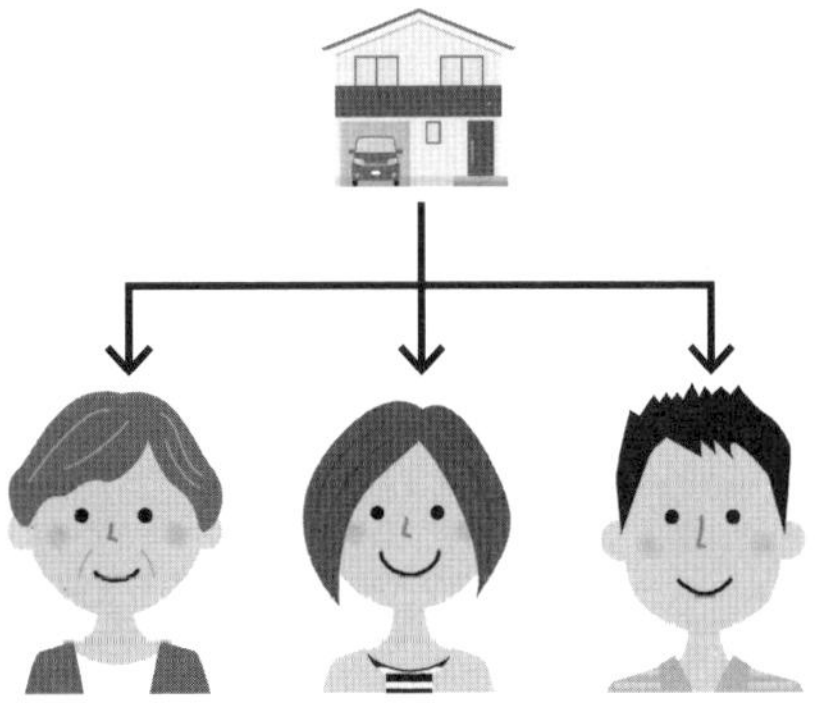

**Point 財産を相続人全員で共有する**

亡くなる前
確認事項

遺したい相手に確実に遺すために

# 生前贈与で財産を与える

これだけ確認

生前贈与は**節税対策**になる

### 暦年贈与なら年間110万円まで非課税

親（被相続人）が亡くなると、そのとき保有していたすべての財産が相続の対象となり、それらを受け取ると相続税がかかります（66ページ参照）。そこで、**被相続人が生きているうちに財産を贈与してもらう「生前贈与」を検討する**とよいでしょう。

通常、個人から個人へ財産をあげると「贈与」とみなされ、贈与税がかかりますが、「暦年贈与」や「相続時精算課税制度」といった生前贈与の制度を利用すると節税になります。

**暦年贈与は、財産を受け取る人1人あたり年間110万円までの贈与なら、贈与税がかからない制度**です。この制度を使って生前に贈与することを「暦年贈与」といいます。

暦年贈与の利用には条件などなく、子や孫をはじめ、だれにでも財産を受け取る資格があり、現金に限らずどんな財産でも贈与可能な制度です。

相続時精算課税制度とは、税務署に届出を出すことで、**財産を受け取る人1人あたり2500万円までの贈与が非課税になる制度**です。非課税対象となる金額は大きいですが、利用にあたり、財産をあげる人が贈与をした人の年の1月1日時点で60歳以上であることなど、3つの条件を満たしていなければなりません。なお、財産をあげた人が亡くなって相続が発生したときには、贈与を受けた財産が相続財産の対象となるので、相続税がかかります。

また、一度でも相続時精算課税制度を利用すると暦年課税は使えなくなるので、どちらが節税になるか確認したうえで利用しましょう。

# 生前贈与で相続税を節税

## 暦年贈与なら毎年110万円ずつ与えられる

### ■暦年贈与で孫に財産を贈与した場合

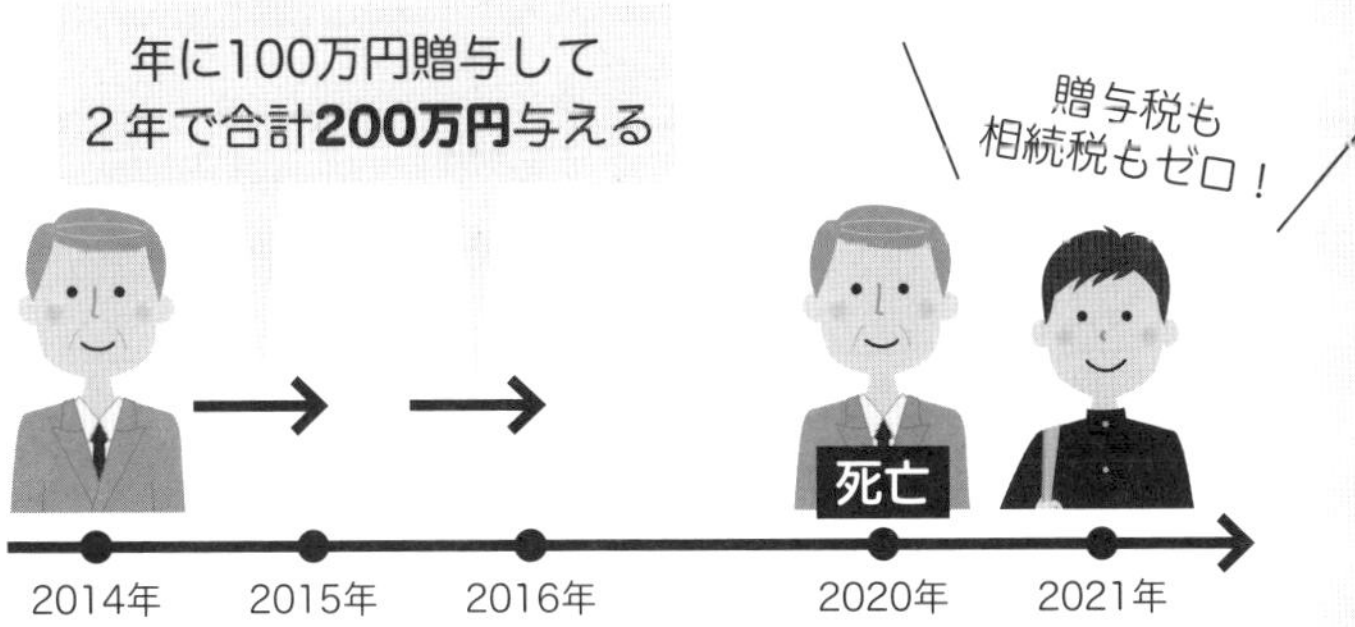
年に100万円贈与して
2年で合計**200万円**与える
贈与税も
相続税もゼロ！
死亡
2014年
2015年
2016年
2020年
2021年

**利用時の注意**

**だれがもらえる？**

だれでも可能

**メリットは？**

年間110万円まで非課税

**相続税は？**

かからない

※相続人・受遺者に対する相続開始3年以内の贈与は相続税の対象になる

**注意点**

毎年同じ日に同じ額を贈与すると、一括で贈与したとみなされる場合がある

## 相続時精算課税制度なら2500万円まで非課税

### ■相続時精算課税制度で娘に財産を贈与した場合

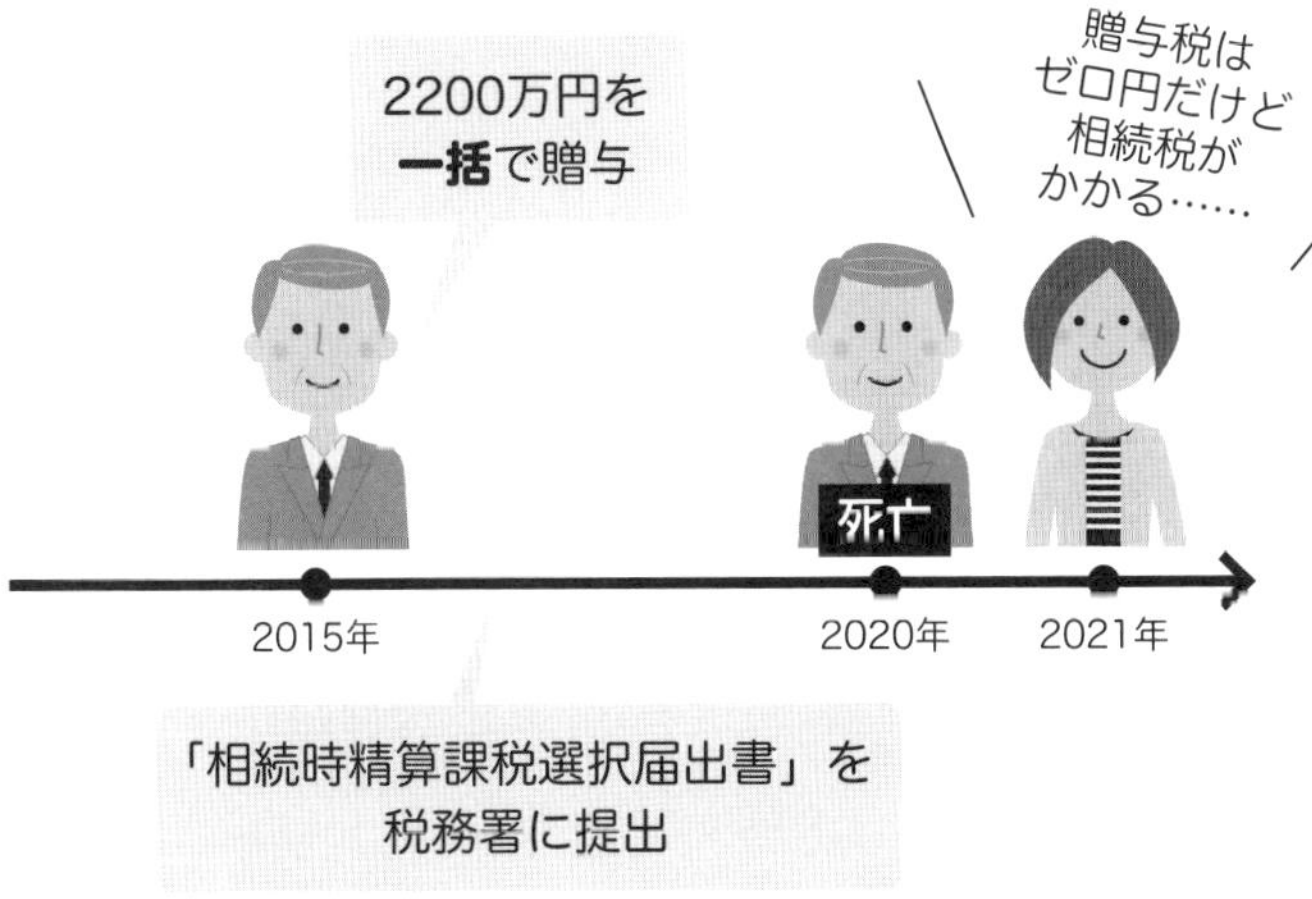
2200万円を
**一括**で贈与
贈与税は
ゼロ円だけど
相続税が
かかる……
死亡
2015年
2020年
2021年
「相続時精算課税選択届出書」を
税務署に提出

**利用時の注意**

**だれがもらえる？**

20歳以上の子と孫

**メリットは？**

2500万円までの贈与が非課税

**相続税は？**

かかる

※相続時には贈与分にも相続税が発生する

亡くなる前
確認事項

相続税を節税するために
# 死亡保険金のある生命保険に加入する

これだけ確認

**500万円×法定相続人の数が非課税になる**

## 生命保険に加入して相続税を節税する

せっかく親の遺産を受け継いだのにもかかわらず相続税が発生しては、損した気になってしまうものです。そこで、生前にできる相続税の節税対策を検討しましょう。

節税対策のひとつが、生命保険を利用する方法です。

死亡保障のある生命保険に加入すると、被保険者が亡くなったときに受取人が死亡保険金を受け取ることができるわけですが、**死亡保険金はそもそも遺された人が生活に困らないようにするためのお金なので、一定の金額が非課税になる**のです。

非課税となる金額は「500万円×法定相続人の数」で算出できます。たとえば、死亡保険金が1500万円の保険に加入していた人が亡くなり、その人の相続人が3人いる場合、500万円×3人＝1500万円が非課税になるため、死亡保険金1500万円−非課税額1500万円＝0円、つまり相続税が発生せずにすむのです。

とはいえ、被相続人が生命保険に加入さえしていれば、必ずしも節税効果を得られるわけではありません。**生命保険の加入で節税を狙うためには3つの条件を満たす**必要があります。

**①被保険者は被相続人である**
**②保険料の負担者が被相続人である**
**③受取人が相続人である**

これらの条件を満たしていない場合は、保険金が相続財産の対象となったり、贈与税や所得税がかかってしまいます。

また、節税対策として加入する保険としては、保険料を一度に支払う一時払終身保険がおすすめです。

## 生命保険金控除の条件

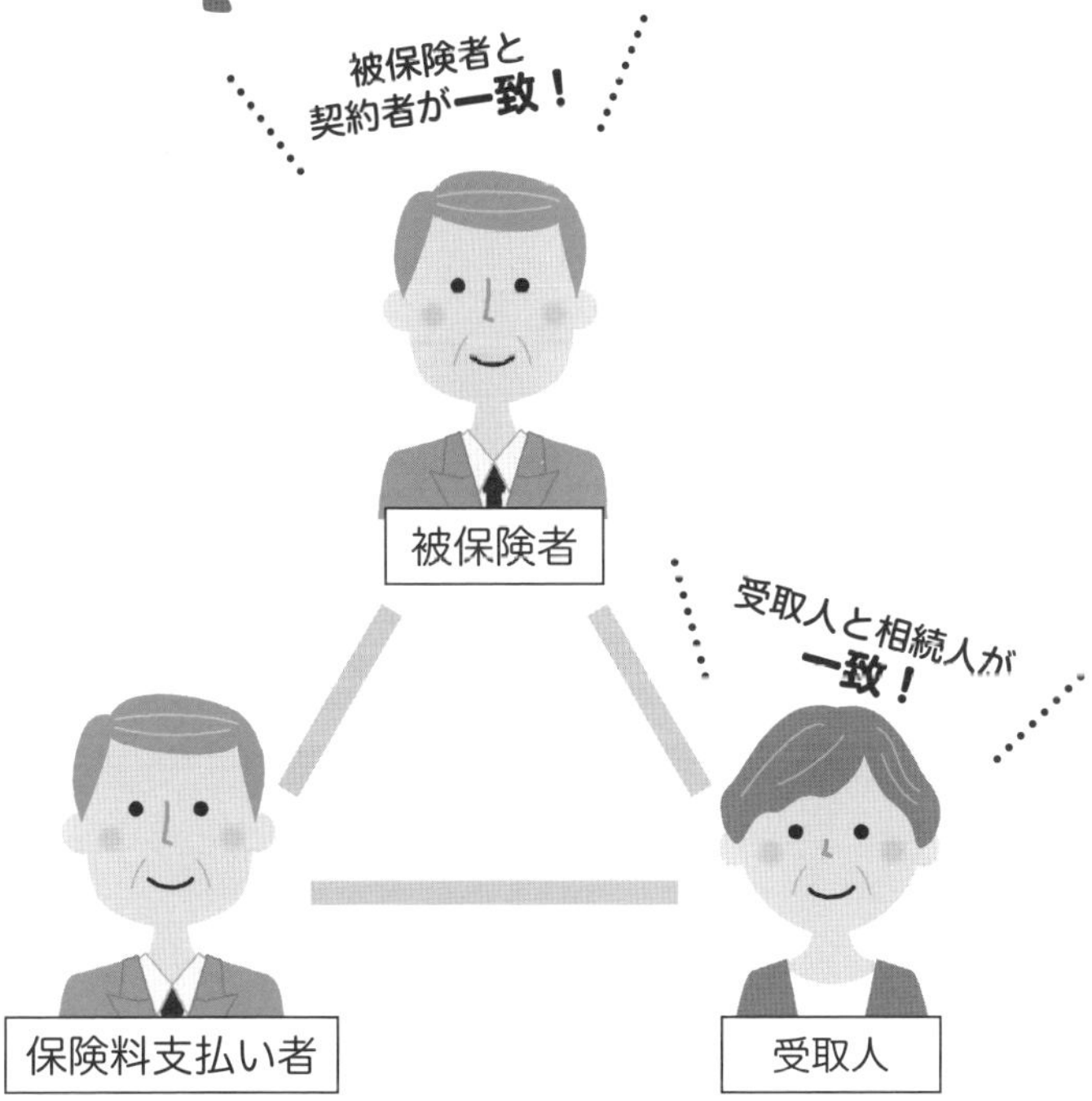


**利用条件**

❶被保険者は被相続人であること

❷保険料の負担者が被相続人であること

❸受取人が相続人であること

死亡保険金は
遺産分割の
**対象外**

## 生命保険の控除の計算方法

生命保険の控除額＝ **500万円** × **法定相続人の数**

500万円 → どんな状況でも控除される金額

法定相続人の数 → 相続するのは受取人のみでも法定相続人**全員の人数**が反映される

・死亡保険金1000万円
・法定相続人は妻と娘の2人

→ 1000万円（死亡保険金）－（500万円×2人）（生命保険の控除額）
＝0円

相続税はかからない

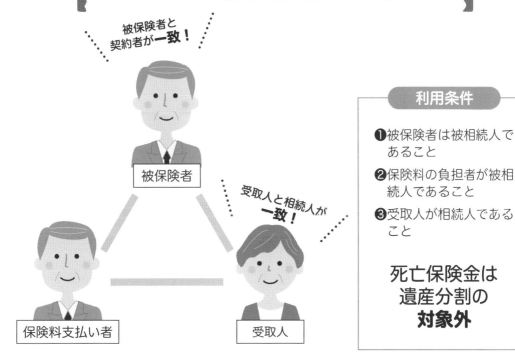

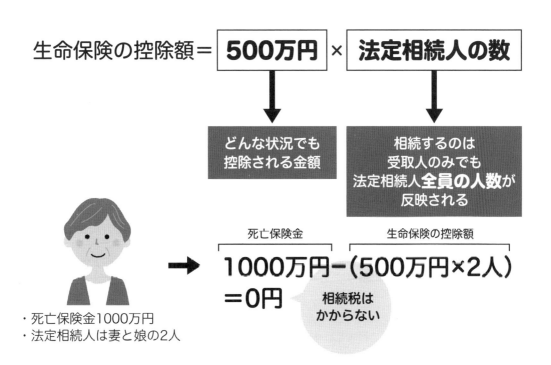

亡くなった後
手続き

相続手続きをスムーズに行うために

# 遺言書の有無を確認する

**公証役場か身近な場所で遺言書は見つかりやすい**

親が亡くなったら、子はまず遺言書を探すことになります。探す場所はおもに2カ所です。

1カ所目は、最寄りの公証役場。昭和64年1月以降に作成され、**公証役場に保管されている遺言書（公正証書遺言）であれば、ここで遺言書の有無を問い合わせられます。**なお、この問い合わせができるのは、法定相続人か、その代理人のみです。

また、公証役場では、遺言者が遺言内容をだれにも知られたくない場合に作成する、秘密証書遺言の確認もできます。ただし、公証役場で確認できるのは、遺言書が作成されたという事実のみで、実際の遺言書自体は保管されていないので、相続人が探し出さなければなりません。

2カ所目は、自宅です。**金庫や仏壇などに保管している人が多い**ので、公証役場に行く前に探してみてもよいでしょう。自宅以外であれば、銀行や弁護士などの専門家などに預けているケースもあります。

なお、公証役場で認証を受けていない遺言書（自筆遺言書）は、見つけたその場で開封してはなりません。開封前の自筆遺言書は、遺言者が亡くなったときの住所地にある家庭裁判所に行って、検認手続きをする必要があります。

その場で開封すると、内容の改ざんを疑われたり、5万円以下の罰金が科されたりするので、注意してください。同様に、秘密証書遺言も家庭裁判所での検認が必要なので、公証役場以外で見つけた遺言書は、開封せずにすみやかに家庭裁判所へ持って行きましょう（遺言書の書き方は108ページ参照）。

これだけ確認

**見つけた遺言書は
その場で
開封しない**

# 遺言書確認の流れ

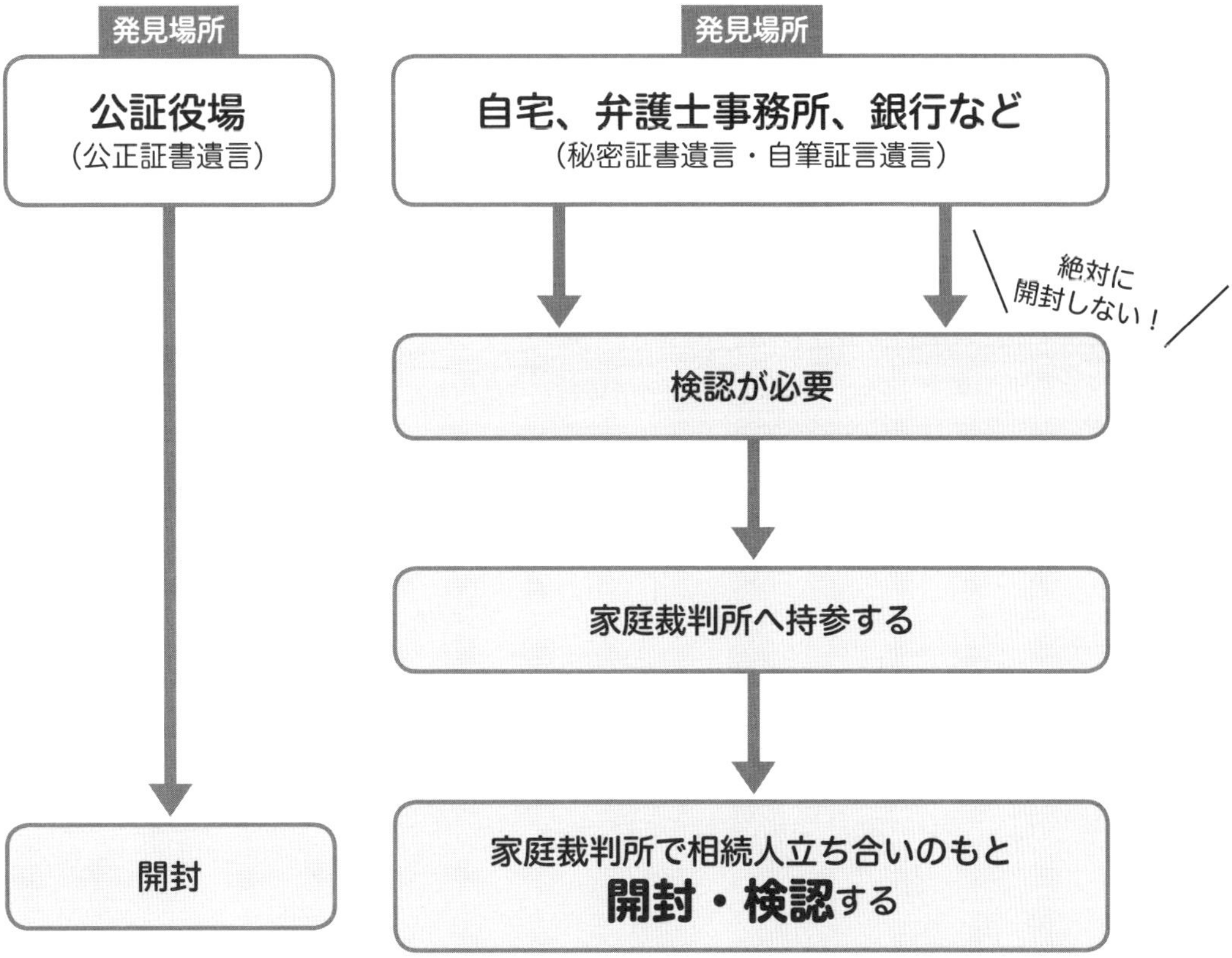

## 遺言書がどこにもない……

机や金庫、タンス、鞄のなかなど、書類が隠されていそうなところは、くまなく確認しましょう。**家のなかだけでなく、知人や生前に親しくしていた人など、外部に預けている可能性があります。**どうしても見つからないのであれば、遺産分割協議を行って相続財産を分けましょう（64ページ参照）。

話し合いの結果を証明するために

# 遺産分割協議書を作成する

**遺産分割協議で分割内容を決定する**

有効な遺言書がない場合、被相続人の遺した財産の内容と、相続権のある人がわかったら、誰がどの程度遺産を相続するかなどを話し合いで決めることになります。この話し合いを、「遺産分割協議」といいます。この話し合いは、相続人全員で行わなければなりません。

また、未成年者や認知症の人も相続人であれば代理人や後見人が遺産分割協議に参加する必要があります。また、行方知れずの親戚が見つからない場合は、不在者財産管理人や親権者、特別代理人が本人の代わりに参加することができます。

遺産分割協議で決定した内容は、「遺産分割協議書」という書面にまとめておきましょう。

この書類の作成は必須ではありませんが、不動産の相続登記や預貯金・有価証券の名義変更など、その後の相続手続きにも使用できる書類なので、作成しておくとよいでしょう。また、相続人の誰かがあとで相続内容について文句をいってくるなどの**トラブルを防ぐためにも、遺産分割協議書は有効です。**

遺産分割協議書は、パソコンで作成したものでも、手書きのものでも、どちらでもよいです。

ただし、誰がなにをどの比率で相続するかは明記しなければなりません。たとえば、預貯金を相続する場合は、預金種目や口座番号まで記載します。

なお、作成した遺産分割協議書は、相続人全員が一通ずつ原本を保管しておきましょう。遺産分割協議書が2枚以上になる場合は、用紙と用紙のあいだに契印が必要となります。

これだけ確認

遺産分割協議は**相続人全員**で行う

# 遺産分割協議の作成方法

遺産分割協議書

令和２年４月１日、東京都豊島区池袋 1890-59　山田太郎の死亡により開始した相続の共同相続人である山田花子、山田桃子２名は、その相続財産について、次のとおり分割を協議し、決定した。

１．相続人 山田花子は、次の遺産を取得する。

土地
所在　　東京都豊島区池袋
地番　　1890-59
地目　　宅地
地積　　140 ㎡

建物
所在　　東京都豊島区池袋
家屋番号　1890-59
種類　　居宅
構造　　鉄骨造
床面積　　1階 70 ㎡　2階 70 ㎡

２．相続人 山田桃子は、次の遺産を取得する。

東京銀行東京支店の被相続人名義の預金
普通預金　口座番号 01234567　のすべて

本遺産分割協議の成立を証するため、２通作成し、署名捺印のうえ各自１通を保有する。

令和２年４月１日

住所　　東京都豊島池袋 1890-59
相続人　山田花子

住所　　神奈川県横浜市港北区 1890-59
相続人　山田桃子

被相続人の住所、氏名、死亡日、最後の本籍地などを記載する

**だれ**が**なに**を相続するかを明記する。不動産は登記事項証明書どおりに記載し、預貯金は口座番号などを記載する。

相続人全員が署名、実印を押印する

**作成時の4つルール**

①見やすい書式で作成する
②被相続人の死亡日を明記する
③実印を押す
④相続内容を明記する
⑤相続人数分の協議書を作成する

正しく納税するために

# 基礎控除を考慮して相続税を計算する

これだけ確認

**基礎控除は必ず適用される**

## 法定相続人の数によって基礎控除額は異なる

相続税は、相続財産額から借金などのマイナスの財産および葬儀費用などを差し引き※算出した課税遺産総額から、さらに控除額を差し引いた金額に対し、10～55%の税率をかけて計算します。

相続税には基礎控除という制度があり、これによる一定額は必ず控除されるしくみになっています。**基礎控除額は、「3000万円＋法定相続人の人数×600万円」で算出します。**たとえば、法定相続人が3人の場合は、3000万円＋3×600万円＝4800万円が基礎控除額です。ですので、相続財産が4800万円以内であれば、相続税は発生しません。

また、基礎控除に加え、相続人によっては税額控除制度をさらに利用できます。

被相続人の配偶者が使えるのが「配偶者の税額軽減」という制度です。これにより、配偶者が取得した相続財産の額が1億6000万円未満、もしくは法定相続分の金額未満のうちどちらか大きい金額が控除されます。

また、相続人が未成年者、あるいは85歳未満の障害者が利用できるのが、「未成年者控除」と「障害者控除」です。

未成年者控除では、満20歳になるまでの年数に対し1年につき10万円が控除されるので、相続人が15歳の場合、（20歳－15歳）×10万円＝50万円が控除されます。

障害者控除では、満85歳になるまでの年数に対し1年につき10万円が控除されるので、相続人が50歳の場合、（85歳－50歳）×10万円＝350万円が控除されます。

**※差し引くことができる費用**
未納公租公課／未払医療費／銀行借入金／葬儀・火葬・埋葬・納骨にかかる費用／お寺へのお布施・読経料・戒名代　など

# 相続税の計算方法

## 前提

- 被相続人　父
- 相続人　母、長男(65歳・障害者)
- 遺産　現金2億円
- 遺産分割　母:5000万円／長男:1億5000万円

## STEP 1 課税遺産総額を計算する

遺産 2億円 － 基礎控除 3000万円＋600万円×2人 ＝ 課税遺産総額 1億5800万円

## STEP 2 法定相続分によって取得した場合の取得金額を計算する

**母** 課税遺産総額 1億5800万円 × 法定相続分 $\frac{1}{2}$ ＝ **7900**万円

**長男** 課税遺産 1億5800万円 × 法定相続分 $\frac{1}{2}$ ＝ **7900**万円

## STEP 3 相続税の総額を計算する

**母** 7900万円×30%[※1]－700万円 ＝ **1670**万円

**長男** 7900万円×30%[※1]－700万円 ＝ **1670**万円

➡ **相続税の総額**:1670万円＋1670万円 ＝ **3340**万円

## STEP 4 各人の相続税額を計算する

**母** 3340万円×5000万円÷ 遺産 2億円 － 配偶者の税額軽減[※2] 835万円

＝ 相続税 **0**円

**長男** 3340万円×1億5000万円÷ 遺産 2億円 － 障害者控除 200万円[※3]

＝ 相続税 **2305**万円

※1　税率は取得金額によって異なる
※2　配偶者の税額軽減により835万円が控除される
※3　10万円×(85歳−65歳)で算出

亡くなった後
手続き

## 控除や特例を活用し相続税が発生しない人も
# 相続税の申告書を作成する

これだけ確認

**控除**を利用したら
必ず提出する

### 税額控除制度を利用したら相続税の申告書を提出する

相続税額が確定したら、「相続税の申告書」を作成して、個人の住所を管轄する税務署に提出しましょう。

原則として、相続税を納税しない人には申告義務はありませんが、**配偶者控除や小規模宅地等の特例などの制度を利用した結果、相続税額が0円になった場合は、納税はしなくても申告の義務はある**ので注意してください。

相続税の申告書は、税務署でもらうか、国税庁のホームページでダウンロードします。申告書の記入は、申告書に併せて記載されている指示どおりに行えば問題ありませんが、第1表〜第15表のうち、第11表から記入すると、その後の作業を進められやすいのでおすすめです。

第11表「相続税がかかる財産の明細書」は、どの財産を誰が相続し、その財産はいくらなのかを申告する書類です。ひとつの財産を2人で分けて相続する場合、各人がいくらずつ相続するのかなど詳細まで明記します。

死亡保険金や死亡退職金がある場合は、第9表・10表・11表を、生前贈与があった場合は第14表を、債務や葬式費用がある場合は第13表も記入します。

これらの記入を終えたら、第1表「相続税の申告書」に戻り、相続人の情報や課税財産の内容を記入しましょう。配偶者の税額軽減や未成年者控除などの控除を利用する場合は、該当するページを記入します（※）。

なお、申告書は、申告義務のある相続人全員でひとつの書類を作成し、申告しましょう。また、相続人全員分の戸籍謄本などの書類も併せて提出します。

| | |
|---|---|
| ※配偶者の税額軽減額の計算書 | 第5表 |
| 未成年者控除額・障害者控除額の計算書 | 第6表 |

## 申告書提出のフローチャート

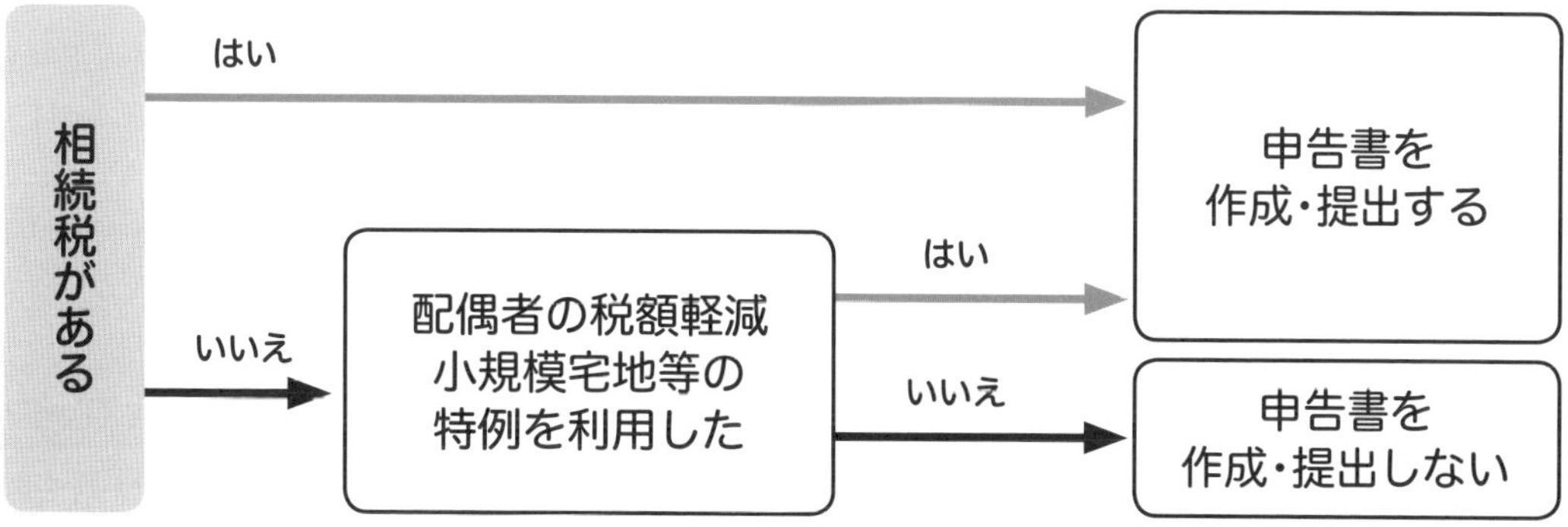


## 第11表：相続税がかかる財産の明細書の書き方

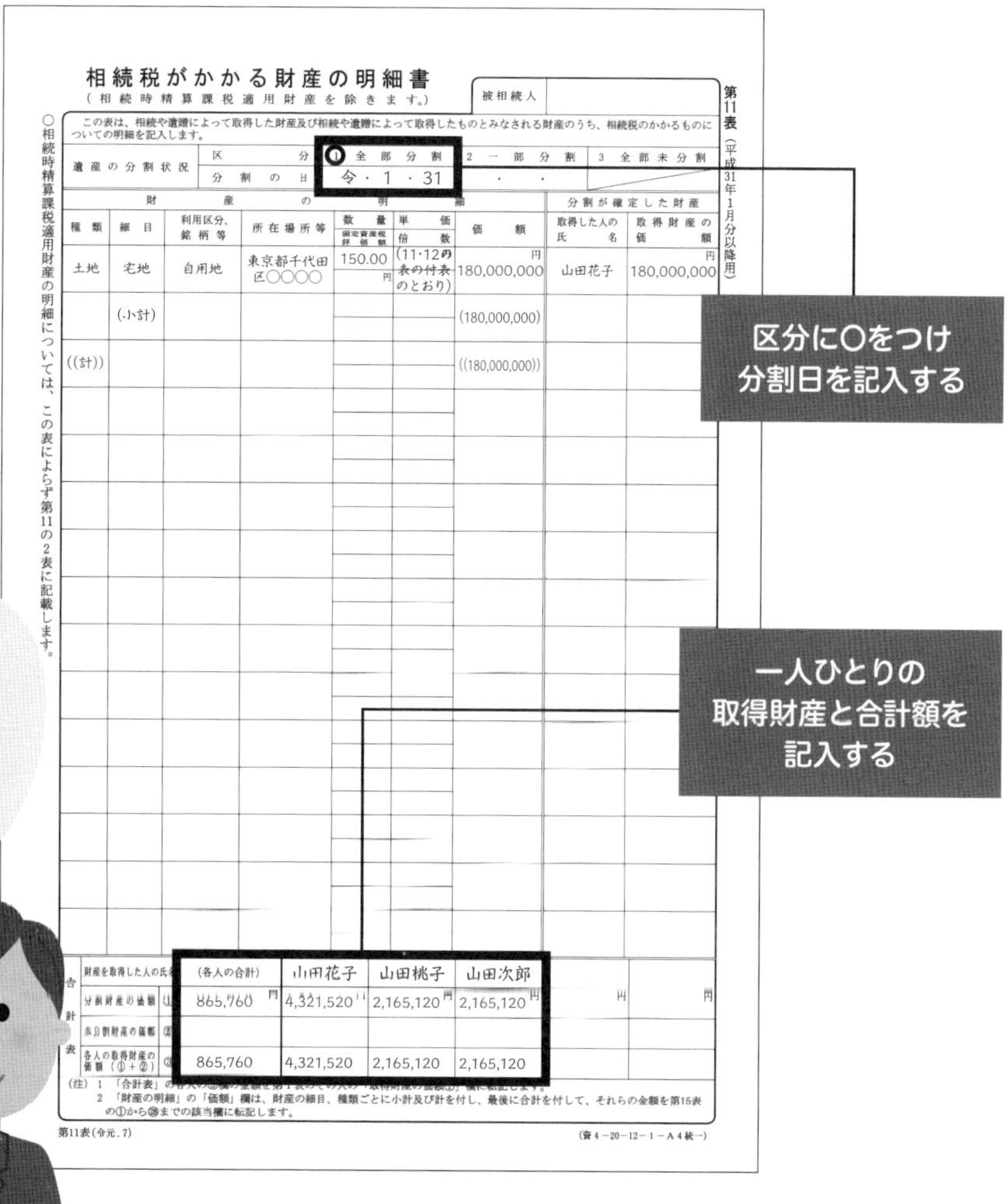

相続税がかかる財産の明細書
（相続時精算課税適用財産を除きます。）

被相続人

第11表（平成31年1月分以降用）

○相続時精算課税適用財産の明細については、この表によらず第11の2表に記載します。

この表は、相続や遺贈によって取得した財産及び相続や遺贈によって取得したものとみなされる財産のうち、相続税のかかるものについての明細を記入します。

| | | | |
|---|---|---|---|
| 遺産の分割状況 | 区分 | ① 全部分割 | 2 一部分割 | 3 全部未分割 |
| | 分割の日 | 令・1・31 | ・　・ | |

| 財産の明細 | | | | | | | 分割が確定した財産 | |
|---|---|---|---|---|---|---|---|---|
| 種類 | 細目 | 利用区分、銘柄等 | 所在場所等 | 数量 / 固定資産税評価額 | 単価 / 倍数 | 価額 | 取得した人の氏名 | 取得財産の価額 |
| 土地 | 宅地 | 自用地 | 東京都千代田区〇〇〇〇 | 150.00 円 | (11・12の表の付表のとおり) | 180,000,000円 | 山田花子 | 180,000,000円 |
| | (小計) | | | | | (180,000,000) | | |
| ((計)) | | | | | | ((180,000,000)) | | |

| 合計表 | | | | | | | |
|---|---|---|---|---|---|---|---|
| 財産を取得した人の氏名 | (各人の合計) | 山田花子 | 山田桃子 | 山田次郎 | | |
| 分割財産の価額 ① | 865,760円 | 4,321,520円 | 2,165,120円 | 2,165,120円 | 円 | 円 |
| 未分割財産の価額 ② | | | | | | |
| 各人の取得財産の価額（①＋②） ③ | 865,760 | 4,321,520 | 2,165,120 | 2,165,120 | | |

（注）1 「合計表」の各人の③欄の金額を第1表のその人の「取得財産の価額①」欄に転記します。
2 「財産の明細」の「価額」欄は、財産の細目、種類ごとに小計及び計を付し、最後に合計を付して、それらの金額を第15表の①から㉘までの該当欄に転記します。

第11表（令元.7）　（資4－20－12－1－A4統一）

亡くなった後
手続き

ペナルティを課されないために

# 期限内に相続税を納付する

これだけ確認

相続を知った日から
**10カ月以内**に
納付

## 税務署か金融機関で現金で一括納税する

相続税の申告書を作成したら、故人の住所を管轄する税務署に提出しましょう。**相続税の申告および納税は、相続開始日（被相続人が亡くなった日）から10カ月以内です。**納税が遅れると延滞税が追加で発生するので、注意してください。

相続税の納税は、故人の住所を管轄する税務署もしくは金融機関に出向いて、現金での一括納税が一般的です。金融機関は、ゆうちょ銀行や信用金庫など、どこでも納税可能です。

なお、納税時には「領収済通知書」を提出します。金融機関にはこの書類を置いていないので、相続税の申告書を税務署に提出した際にもらっておくとよいでしょう。

また、クレジットカードでの納税や、コンビニエンスストアでの納税も可能です。

クレジットカードでの納税の場合、「国税クレジットカードお支払いサイト」で納税手続きをします。なお、クレジットカードの決済可能額以下で、納付額が１０００万円未満の場合のみ支払いが行えます。

コンビニで納付したい際は、税務署に領収済通知書を提出し、その場で発行してもらった「バーコード付納付書」か、e-Taxで相続税の申告書を提出すると発行されるQRコードを持って、コンビニ（※）へ向かう必要があります。ここでの納付可能額は30万円以下です。

相続税は、所得税などほかの税金と比べて、申告漏れが多く報告されている税金です。また、申告額が不足していたら加算税などのペナルティが課せられることもあります。

※ローソン、ナチュラルローソン、ミニストップ（いずれも「Loppi」端末設置店舗のみ）
ファミリーマート（「Famiポート」端末設置店舗のみ）

# 相続税の納付方法

**納税期限は相続開始日から10カ月以内**

**税務署・金融機関**

領収済通知書を提出

↓

**納税**

故人の住所を管轄する税務署
もしくは
全国各地の金融機関で納付可能

**クレジットカード**

国税クレジットカード
お支払いサイトにアクセス
https://kokuzei.noufu.jp/

↓

**納税**

1000万円未満の納税のみ可能
※1万円につき76円の手数料がかかる

**コンビニ**

領収済通知書をもって
税務署に行く

↓

バーコード付納付書を
もらってコンビニに行く

↓

**納税**

30万円以下の納税のみ可能

e-taxで申告書を提出し、発行されるQRコードでも納付可能

# 領収済通知書の書き方

**税務署で手に入る**

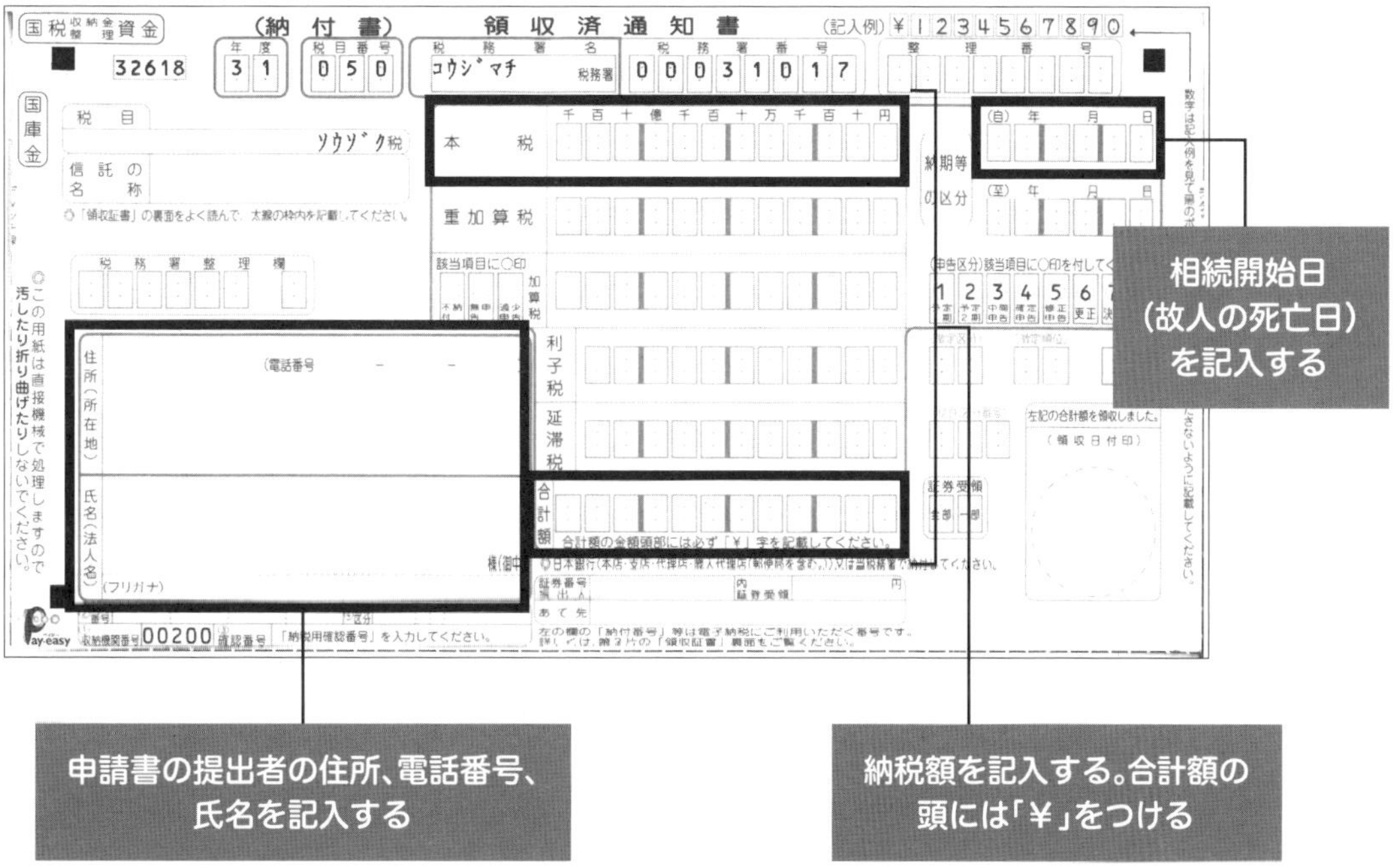

現金が足りない！

納税できない！

実例紹介

# 相続のトラブル事例と防止策

**「争族」ともいわれるように、相続時の揉め事は非常に多くなっています。過去のトラブル事例を確認して、未然に防げるようにしましょう。**

実例紹介 Case 01

## 生前贈与のしすぎで親の生活資金がなくなってしまった！

暦年贈与の制度を利用すれば、毎年110万円までの贈与に贈与税も相続税も発生しないと知ったAさん。自分が生きているうちに遺される家族になにかしてあげたい、と思い、毎年100万円ずつ４人の孫に贈与をし始めました。孫も、このお金を活かして習い事をもっとがんばりたい！　と意気込んでおり、孫の喜ぶ顔を見れたAさんは満足です。ところが、その３年後、Aさんは自分の老後資金が底を突きそうなことに気がつきます。生前贈与のしすぎで、自分の生活資金がなくなってしまったのです。

旅行が趣味だったAさんですが、老後の収入は年金だけなので、資金が底を突いたいま、趣味を謳歌することもできません。孫に「お金を返してほしい」と頼んでも、学費や習い事の費用としてすでに使ってしまっており、もうどうすることもできません。Aさんは、日々の生活費を切り詰めながら、泣く泣く暮らしたのでした。

税理士の先生より

生前贈与は、相続時にかかる税負担を減らせるなどのメリットがありますが、お金のあげすぎで自分の生活が苦しくなっては元も子もありません。日本人の平均寿命といまの年齢を比較してあとどのくらい生きるのか、その場合いくら生活費を残しておけばよいのかを逆算してから、生前贈与をするようにしましょう。

■老後の生活費の計算方法

老後の生活費 ＝ （毎月の生活費 － 年金受給額）× 余命年数 × 12カ月

男性81歳
女性87歳

実例紹介 Case 02

# 相続税を支払えない！

お父さんを病気で亡くしたBさん。葬儀や納骨など亡くなったあとの手続きが落ち着き、ようやく、相続財産を見直す時間ができました。お母さんは5年前に他界しており兄弟姉妹もいないため、相続人はBさんだけ。相続の対象となる財産も、お父さんが亡くなる直前まで暮らしていた家だけだったので、とくに慌てる必要もないだろうと思い、ゆっくり相続の手続きを進めています。

相続税の申告期限が近づいたある日、Bさんが相続の申告書を作成していたときのことです。家を相続するにあたり、相続税を納付する必要があると判明しました。ですが、預貯金もあまりないBさんは、相続税を支払えるほどの現金をもっていません。そのため、家を売ったお金で相続税を納めることになりました。

「これを機に実家に移り住んで、心機一転新しい事業でも始めよう」とBさんは考えていましたが、実家を売ってしまったいまは、その計画も叶えられそうにありません。家族に加え、自分の育った家まで失ったBさんは、途方にくれたのでした。

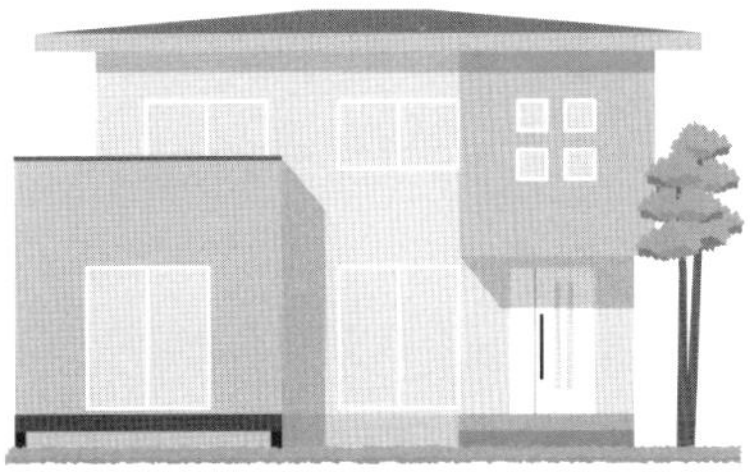

税理士の先生より

相続権が発生してから相続税申告までの期間は10カ月。トラブルを防ぐためにも、早めに相続財産を把握し、相続税がいくらかかるのかを確認しましょう。今回のケースのように、財産に預貯金がなく物だけを相続する場合は、相続税の支払いがむずかしくなる可能性があるので、早めの対処が必要です。せっかく被相続人が遺してくれた財産を換価する（お金に変える）のは、精神的に悲しい部分もあるでしょう。被相続人の生前に相続財産を把握していれば、納税対策用として預貯金を事前に用意することもできるので、50ページを参考に財産目録を親と一緒に作成しておくとよいです。

■換価して納税する

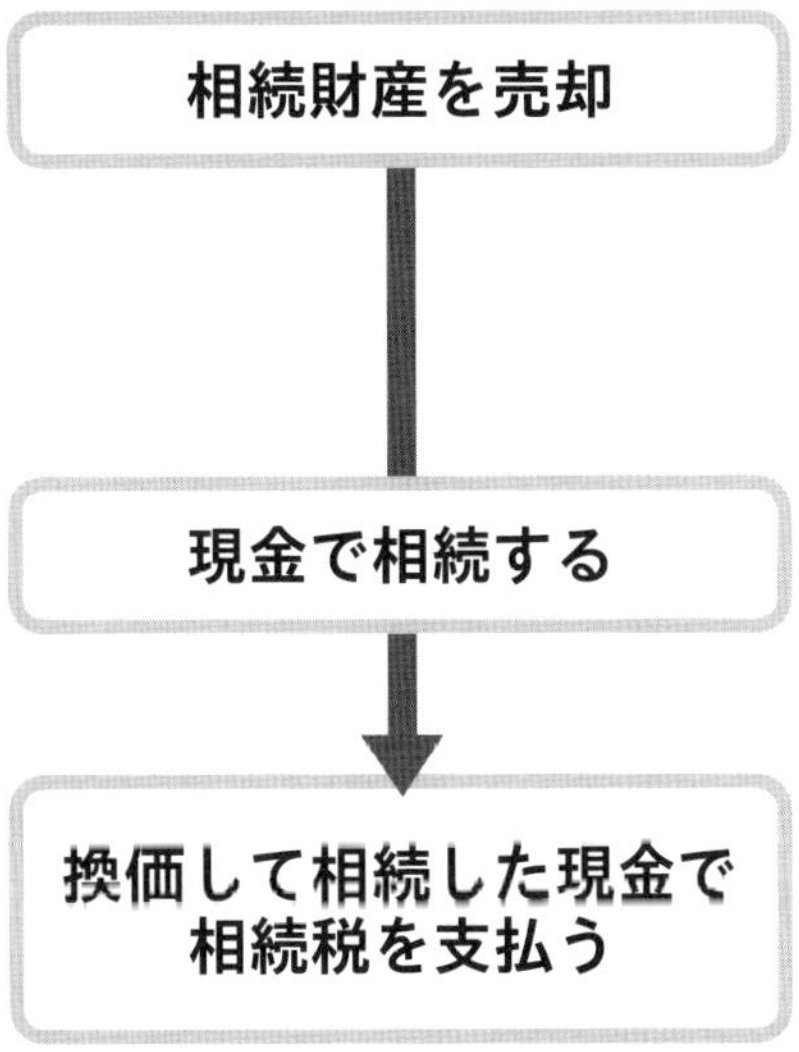
相続財産を売却
現金で相続する
換価して相続した現金で相続税を支払う

来たるとき
への準備
column

\\ 相続したら借金ばかりだった!? //

# 相続放棄と限定承認

借金のことなんて知らなかった、では済まされません。
万が一に備えて、この２つの制度を知っておきましょう。

相続では、家やお金などのプラス財産だけでなく、借金やローンなどのマイナスの財産も受け取ることになります。借金が多く相続したくない場合は、相続放棄や限定承認を考えましょう。

相続放棄とは、生命保険金や死亡退職金などを除く、すべての遺産の相続を放棄することです。相続放棄の手続きは、相続開始を知った日から３カ月以内に家庭裁判所で行います。相続放棄をすると順位の低い人に相続権が移ります。つまり、子が放棄したマイナスの財産を含む相続権が、被相続人の父母などに渡ってしまう可能性があります。放棄をする場合は、その旨を相続権を持つ人同士で共有しましょう。

相続放棄は遺産を一切相続することができないので、財産がプラスになるかマイナスになるか不明な場合は限定承認を選びましょう。限定承認とは、プラスの財産の範囲内でマイナスの財産を相続するもので、プラスの財産よりもマイナスの財産のほうが多い場合、その分だけ放棄できる制度です。

## ■ 相続放棄と限定承認の違い

〈相続放棄の場合〉

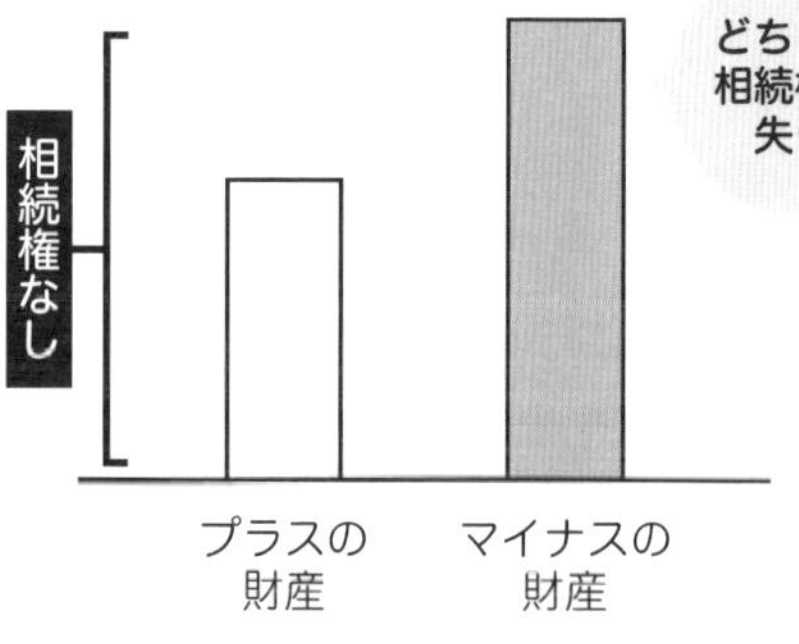


〈限定承認の場合〉

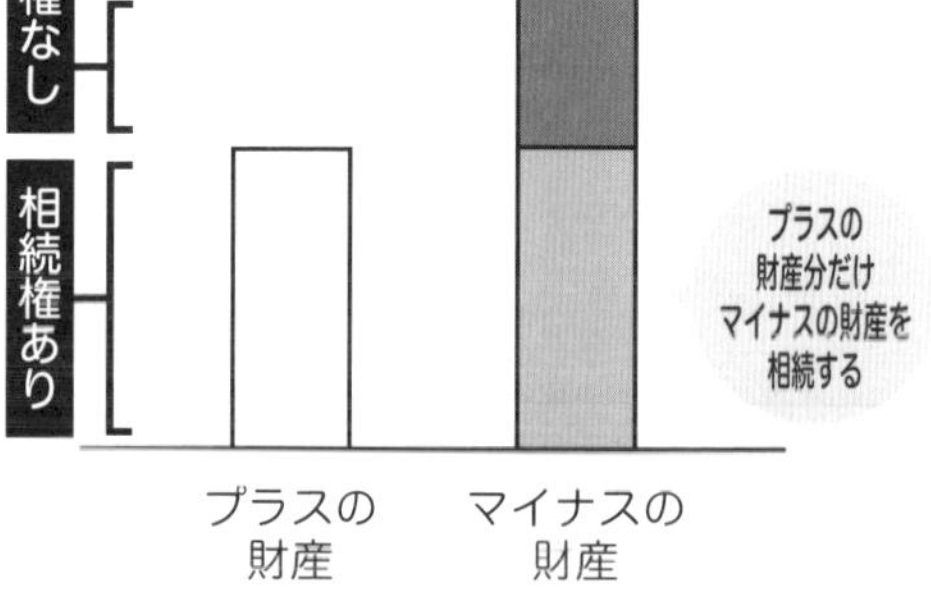

4章

# お葬式の決め方と手続き

お葬式に関して生前に確認・決定しておきたいこと、亡くなってからお葬式まで何をしたらよいかを解説します。また、お葬式の費用やトラブルなども紹介します。

【監修】
**二村祐輔**
日本葬祭アカデミー教務研究室
代表／東洋大学非常勤講師

「葬祭カウンセラー」養成・認定の日本葬祭アカデミー教務研究室（http://www.jf-aa.jp/）代表。東洋大学非常勤講師。「葬祭セミナー」など年間多数の講演をこなす傍ら、大学では「葬祭ビジネス論」を開講している。

## CONTENTS

亡くなる前
確認事項

親や親族と話し合って

# お葬式の希望を事前に確認

これだけ確認

**お葬式に誰に来てほしいか**

## 人数と場所を決めておく

生前にどんなお葬式にするか決めておくと、親の希望を取り入れられるだけでなく、遺族間のトラブルも防げます。

そこで、まず親がどんなお葬式を望んでいるか確認しておきましょう。見送る家族としては立派なお葬式をしてしっかり見送ってあげたい気持ちが強いですが、親はなるべく簡素にしてほしいと考える場合も多いです。ある程度こちらの希望も伝えたうえで、本人の希望を聞くとよいでしょう。

その際に決めておきたいのは、参列者の範囲です。家族だけで行うのか、親戚まで含めるか、友人や会社関係者、近所の人にも参列してもらうかを検討し、参列者の人数を想定しておきましょう。

人数が決まったら、それに見合ったお葬式の形式を決めます。参列者が30人程度で親族だけのお葬式なら「家族葬」や通夜と告別式を行わない「直葬」などですが、参列者が多いのであれば「一般葬」になります。

また、形式を決める際、お葬式の宗派も考えます。菩提寺がある場合は菩提寺の宗派に則った葬儀になりますが、菩提寺がない場合には、そもそも仏式にするか、それとも無宗教葬にするかは自由です。なお、菩提寺がある場合、そこの住職から、いわゆる戒名をいただくのが慣例です。

お葬式を行う場所も併せて決めておきましょう。親の地元や子どもの家近辺など選択肢はさまざまですが、遠方からの参列がある場合はアクセスのよさも重要です。最寄り駅からの近さやわかりやすさも考慮します。

# 生前に確認しておくこと

## 親や親族との関係や これまでの経緯を聞いておく

### どんな形式にするか

家族葬、一般葬、直葬、一日葬など。菩提寺がある場合は直葬はできない

### 誰を呼ぶか

家族、親戚、友人、会社関係者や近隣の人など、お葬式にどの範囲まで呼びたいか。具体的に呼びたい人はいるか

### 菩提寺はあるか

菩提寺の有無。ある場合、場所はどこにあるのか、どの宗派かを確認する（82ページ参照）

### どこでお葬式をするか

自宅の近くなのか、子どもの家の近くなのか。菩提寺からの距離や思い入れ、遠方からのアクセスなどを考慮する

## 菩提寺がない場合は どのお葬式にするか決める

**①葬儀社にお坊さんを紹介してもらう**

葬儀に限って依頼することもあれば、その寺院にお墓をつくり菩提寺とする場合もある

**②無宗教葬にする**

**③通夜・告別式を省いた直葬にする**

病院または安置所から直接火葬すること

**無宗教葬とは……**

宗教にとらわれない自由な形式のお葬式。仏式のお葬式の流れから宗教的な部分をとりのぞいた形で行われることが多い

やること（例）

・黙祷　・献奏
・献花　・スライド上映
・お焼香　などを行ってもよい

亡くなる前
確認事項

予算・人数・場所を決めたら

# お葬式を依頼する葬儀社を選択

### 複数の葬儀社を比較検討する

お葬式を執り行う場合、葬儀社の選定が重要となります。葬儀社は、お葬式に関わる一連の流れを取り仕切る会社です。そのため、何を葬儀社に依頼するか、決める必要があります。葬儀社が対応してることは、遺体の搬送、安置、お葬式プランの提案、通夜・葬儀・告別式・火葬の手配から当日のサポートまでしてくれます。最小限必要だと思う事項を決めておき、**複数の葬儀社を比較検討しましょう。**

実際に葬儀社を訪ねてみると、式場の大きさや雰囲気を感じられるだけでなく、料金プランには載っていない細かいサービスの説明が受けられます。

施行費用は、祭壇などの演出によって異なりますが、簡素な葬儀のみであれば、20～30万円程度、祭壇のグレードが上がると50万円以上になることもあります。

葬儀社を選ぶ際のポイントは、担当者の態度や身だしなみ、説明のわかりやすさ、式場の雰囲気や清潔感、明確な見積もりが出るか、などが挙げられます。

また、葬儀社には死亡届に記載される個人情報をはじめ、故人や家族の経済状況などプライ橋ーに関する情報を伝えることになるので、個人情報管理が適切に行われているか、という点はもっとも重要です。情報の適切な管理をしている葬儀社として認定されると「PIP認証（プライベートインフォメーションプロテクト）」や「Pマーク（プライバシーマーク）」を表記していますので、これらのマークを表記しているかも、葬儀社選択のひとつの基準となるでしょう。

**これだけ確認**

**葬儀社は実際に見て決める**

# 葬儀社の選び方

## 実際に訪ね、見積もりを出して複数の葬儀社から比較検討する

**比較する前に決めておくこと**

・予算　・人数　・場所

決めておかないと同じ条件での比較ができない

↓

**葬儀社でわかること**

・明確な見積もり
・式場の大きさ、雰囲気
・葬儀社の人の対応
・HPに載っていないサービス

### 火葬までの日数

都心部でお葬式をする場合、火葬場が混んでいてすぐに火葬できないことが多い。その分安置の料金が増え、日程も調整しにくいため、その地域の火葬場の混み具合も葬儀社に聞いておくとよい

## 葬儀社選びで重要なのは個人情報の管理体制

**葬儀社選びのポイント**

・**個人情報の管理体制**
・お葬式についての知識量
・担当者の態度や身だしなみ
・説明のわかりやすさ
・式場の雰囲気や清潔感
・明確な見積もりが出るか

PIP認証

PIP認証（プライベート・インフォメーション・プロテクト）は、個人情報の管理が適切にされている業者の証として、（一社）日本葬祭情報管理協議会が発行しているマーク

亡くなる前
確認事項

本人の希望を聞き連絡漏れを防ぐ

# 訃報連絡の範囲を事前に決めておく

これだけ確認

**訃報連絡**は
**電話**した後に
文章でも伝える

## 万が一に備えて連絡先リストをつくる

訃報の連絡をする人の範囲を事前に決めておくと、連絡漏れを防げるだけでなく、だれに連絡してほしいかといった送られる人の希望も考慮できます。

**連絡先の候補としては、親族、友人、会社関係者、近所のほか、葬儀社や菩提寺などです。**友人や会社関係者の連絡先などは本人しか把握していない場合が多いのに、加え、親戚についてもどこまで付き合いがあるかなどは、家族でも把握できていないことがあります。前もって本人に聞いて、連絡先リストをつくっておくとよいでしょう。

リストをつくる際、連絡の優先度順につくっておくと便利です。優先度は、危篤の段階で連絡、亡くなったあとすぐ連絡、お葬式の日程が決まってから連絡、の順です。

まず、危篤の時点で連絡する人は、近親者と特に親しい友人です。近親者の範囲は3親等あたりまでとする場合が多いです。大人数が病院に詰めかける事態を避けるため、病院に駆けつけてほしい人だけに絞りましょう。

また、亡くなったあとすぐ連絡するのは、お葬式についての打ち合わせをする必要がある菩提寺と葬儀社です。

最後に、亡くなった後にお葬式の日程が決まってから、親族や友人、会社関係者、近所の人に連絡します。しかし、遺族だけで関係者全員に連絡するのは困難なので、会社内や友人間での連絡を任せられる人の連絡先を書いておきましょう。

訃報連絡の方法は、危篤段階では電話で伝え、お葬式の詳細などの連絡は、メールやＦＡＸなどの文書で伝えよう。

# 連絡先リストをつくる

## 近親者は一般的に ひ孫や甥姪などの3親等まで

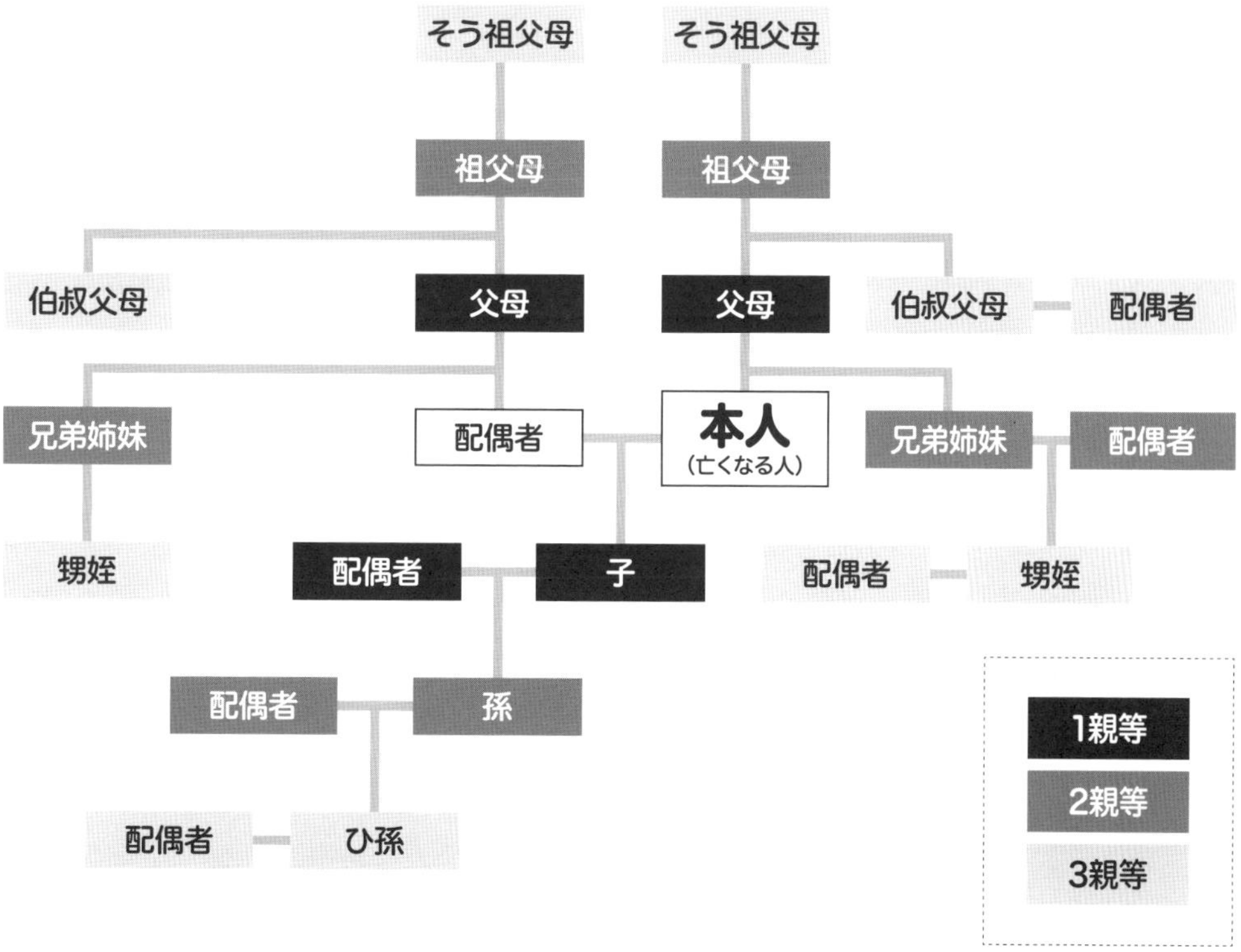


## 連絡の優先度順に 電話番号のリストをつくる

| | |
|---|---|
| **①近親者、親しい友人** | 病院に来てもらうため、危篤の段階で連絡する |
| **②菩提寺、葬儀社** | お葬式の打ち合わせのため、亡くなったあとすぐ連絡する |
| **③親族、友人、会社関係者、近所** | お葬式の日程が決まってから連絡する |

亡くなる前
確認事項

読経、戒名授与を依頼する寺院

# 菩提寺の確認とお布施の金額

## 菩提寺は生前に確認しておく

菩提寺がある場合、お葬式の宗派に則って葬儀をするため、お葬式を考えるにあたって、早めに菩提寺の有無を確認しておく必要があります。

先祖代々の墓があり、毎年の護寺会費を納めている寺院があれば、そこが確実に菩提寺です。菩提寺がないと思ってお葬式をしたら、式後に親戚から菩提寺があることを知らされ、トラブルに発展したケースもあります。亡くなってからでは忙しくなるので、事前に確認しておきましょう。

葬儀の当日に、お布施を渡します。読経や戒名授与などのお布施として支払うものです。菩提寺によって数万〜数十万円と大きく異なります。打ち合せの際に、「いかほどお包みすればよろしいですか」と尋ねてみるのがよいでしょう。あまりに**金額が高額の場合は、その旨を相談しましょう。**相談せずにいわれた金額より低い金額を包むのは、トラブルのもとです。

尋ねたものの、「お気持ちで結構です」といわれる場合もあります。その場合は、お布施ですから、無理のない範囲でお包みすることになりますが、葬儀社の人に相談するのも手です。

また、お布施とあわせて「お車代」や「お膳料」などを別途渡すことがあります。それぞれ数千円〜1万円くらいが慣例ですが、僧侶が複数の時にはめいめいに渡すのが通例です。会食同席の場合は「お膳料」は不要です。

これだけ確認

**お布施の金額は**
**直接尋ねる**

# 菩提寺の確認方法

## 菩提寺がわからない場合は家族や親戚に聞く

### 菩提寺とは……

先祖の供養をお願いしている寺院で、葬儀時には読経や戒名の授与を受ける。また境内にお墓があれば、その管理もしてもらう。檀家は毎年定額の「護寺会費」などの支払いがあり、時には「寄付」などの要請もある

### 菩提寺がわからないとき

- **家族や親戚に聞く**
- お墓がある場所を確認する
➡寺院の場合は菩提寺の可能性が高い
- 毎年、護寺会費を支払っている寺院がないか確認する

### 菩提寺が遠方の場合

菩提寺が遠方の場合は、菩提寺の住職に相談したうえで近隣のの同じ宗派の寺院に読経を依頼する。その場合も、戒名授与は菩提寺にしてもらうのが原則

## お布施の金額は菩提寺に直接尋ねる

「どれくらいお包みすればよろしいですか」と直接尋ねる

**あまりに高額な場合**

➡高額で支払えない旨を菩提寺に正直に相談する

**「お気持ちで結構です」といわれた場合**

➡葬儀社に地域や宗派の相場を相談する

### お布施以外に支払うもの

- **お車代**
交通費実費＋αまたは5000円1万円ほど
- **お膳代**
会食しない場合、1万円が目安

お布施は宗教行為への対価ではないので「読経料」や「戒名料」とは書かない

亡くなったあと最初にする手続き

# 火葬許可申請書と死亡届の提出

これだけ確認

死後**7日以内**に提出する

### 火葬許可申請書は死亡届と同時に提出

親族が亡くなって最初にする手続きは、「死亡届」と「火葬許可申請書」の提出です。

死亡届は死亡診断書（死亡検案書）と合わせて一枚の用紙になっており、左半分が死亡届、右半分が死亡診断書となります。用紙は市区町村の役場で入手することもできますが、死亡を確認した医師が死亡診断書を用意し記入してくれるので、自ら用意する必要はありません。

なお、用紙の右半分は、病院や自宅で亡くなった場合は死亡診断書、事故などで亡くなった場合は死体検案書として扱われます。

死亡届を提出する際、火葬許可申請書も一緒に提出します。申請書には故人の本籍地や届出人の現住所、火葬場を書きます。提出したら、その場で火葬許可証を発行してもらえます。

死亡届は、死亡を知った日から7日以内に、**故人の本籍地または死亡地、届出人の住所地のうち、いずれかの市区町村の役場窓口**へ提出します。死亡届や届出人の印鑑、届出人の身分を証明する本人確認書類を持参しましょう。手続き後、死亡届は返還されないため、コピーをとっておくことをおすすめします。

火葬許可申請書の用紙は死亡届の提出時に窓口で入手できるので、事前に用意する必要はなく、役場へ行った際に記入しましょう。死亡届と火葬許可申請書の提出は、夜間・休日窓口がある役場であれば開庁時間以外でも提出できます。

これらの手続きは、葬儀社で代行してくれる場合もあります。

# 死亡届の書き方

## 医師から受け取る死亡診断書の左半分に記入する

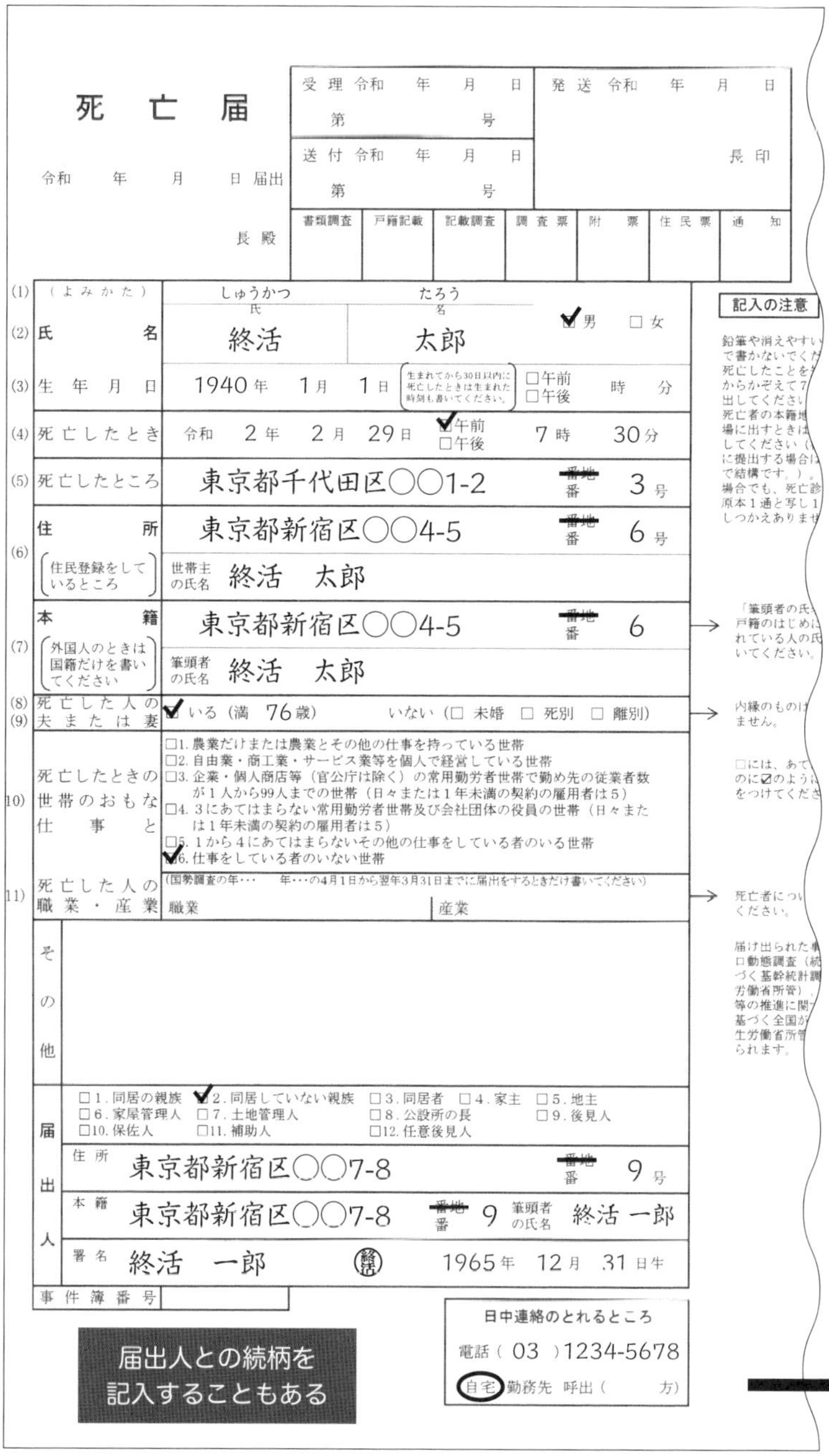

死　亡　届

令和　年　月　日 届出

長 殿

| 受理 令和 年 月 日 第 号 | 発送 令和 年 月 日 |
| --- | --- |
| 送付 令和 年 月 日 第 号 | 長 印 |

| 書類調査 | 戸籍記載 | 記載調査 | 調査票 | 附票 | 住民票 | 通知 |
| --- | --- | --- | --- | --- | --- | --- |
| | | | | | | |

| | | |
| --- | --- | --- |
| (1) | (よみかた) | 氏 しゅうかつ　名 たろう |
| (2) | 氏名 | 氏 終活　名 太郎　☑男 □女 |
| (3) | 生年月日 | 1940年 1月 1日 (生まれてから30日以内に死亡したときは生まれた時刻も書いてください。) □午前 □午後 時 分 |
| (4) | 死亡したとき | 令和 2年 2月 29日 ☑午前 □午後 7時 30分 |
| (5) | 死亡したところ | 東京都千代田区◯◯1-2 ~~番地~~ 番 3号 |
| (6) | 住所 (住民登録をしているところ) | 東京都新宿区◯◯4-5 ~~番地~~ 番 6号 |
| | | 世帯主の氏名 終活 太郎 |
| (7) | 本籍 (外国人のときは国籍だけを書いてください) | 東京都新宿区◯◯4-5 ~~番地~~ 番 6 |
| | | 筆頭者の氏名 終活 太郎 |
| (8)(9) | 死亡した人の夫または妻 | ☑いる(満 76歳)　いない(□未婚 □死別 □離別) |
| (10) | 死亡したときの世帯のおもな仕事と | □1. 農業だけまたは農業とその他の仕事を持っている世帯<br>□2. 自由業・商工業・サービス業等を個人で経営している世帯<br>□3. 企業・個人商店等（官公庁は除く）の常用勤労者世帯で勤め先の従業者数が1人から99人までの世帯（日々または1年未満の契約の雇用者は5）<br>□4. 3にあてはまらない常用勤労者世帯及び会社団体の役員の世帯（日々または1年未満の契約の雇用者は5）<br>□5. 1から4にあてはまらないその他の仕事をしている者のいる世帯<br>☑6. 仕事をしている者のいない世帯 |
| (11) | 死亡した人の職業・産業 | (国勢調査の年…　年…の4月1日から翌年3月31日までに届出をするときだけ書いてください)<br>職業　産業 |
| | その他 | |
| | 届出人 | □1. 同居の親族 ☑2. 同居していない親族 □3. 同居者 □4. 家主 □5. 地主 □6. 家屋管理人 □7. 土地管理人 □8. 公設所の長 □9. 後見人 □10. 保佐人 □11. 補助人 □12. 任意後見人 |
| | | 住所 東京都新宿区◯◯7-8 ~~番地~~ 番 9号 |
| | | 本籍 東京都新宿区◯◯7-8 ~~番地~~ 番 9 筆頭者の氏名 終活 一郎 |
| | | 署名 終活 一郎 (印 終活) 1965年 12月 31日生 |
| | 事件簿番号 | |

記入の注意

鉛筆や消えやすい
で書かないでくだ
死亡したことを
からかぞえて7
出してください
死亡者の本籍地
場に出すときは
してください（
に提出する場合は
で結構です。）。
場合でも、死亡診
原本1通と写し1
しつかえありませ

「筆頭者の氏
戸籍のはじめに
れている人の氏
いてください。

内縁のものは
ません。

□には、あて
のに☑のように
をつけてくださ

死亡者につい
ください。

届け出られた
口動態調査（統
づく基幹統計調
労働省所管）、
等の推進に関
基づく全国が
生労働省所管
られます。

日中連絡のとれるところ

電話（ 03 ）1234-5678

自宅（○印）勤務先 呼出（　　方）

届出人との続柄を記入することもある

右半分が死亡診断書になっている

❶ 医師から死亡診断書を受け取る

↓

❷ 市区町村の役場に死亡届、火葬許可申請書を提出する

↓

❸ 火葬許可証を受け取る

亡くなった後
手続き

## 葬儀社や菩提寺との打ち合わせに備えて
# お葬式費用の内訳と主な法要

### 初七日忌法要はお葬式の当日に行うことが多い

お葬式にかかる費用は、2017年の日本消費者協会の調査によると、平均で195万円に上ります。費用の内訳は大きく分けると、葬儀社に支払うものと、お布施の2つです。

葬儀社に支払う料金は平均で148万円、うち29万円を飲食接待費用が占めています。料金は、お葬式のプランや葬儀社によって異なりますが、必ずかかるのは、搬送、棺、火葬の費用です。そのほか、必要に応じて、祭壇や礼拝具、香典返しのどの費用もかかります。とくに、祭壇はグレードにより10万〜100万円と幅があります。予算に収まるように見積もりしてもらいましょう。

また、お布施の平均額は47万円でしたが、お布施は地域や宗派、戒名の位によって大きく変動し、100万円を超えることもあります。金額については、菩提寺と相談しましょう（82ページ参照）。

また式中や火葬後などお葬式の当日に繰り上げて、初七日忌法要も併せて営むことが多く行われます。

本来は「忌中」の間、七日ごとに法要が営まれていましたが、現代では四十九日忌法要が、葬儀後の大きな節目法要となり、そこで「忌明け」を迎えます。また百か日忌も省略され、その後は一周忌以降、三、七、十三、十七、二十三、二十七と年忌法要が営まれて、習俗的には三十三回忌をもって供養の終了とみなされています（宗旨宗派による）。

**これだけ確認**

**お葬式の費用は平均195万円**

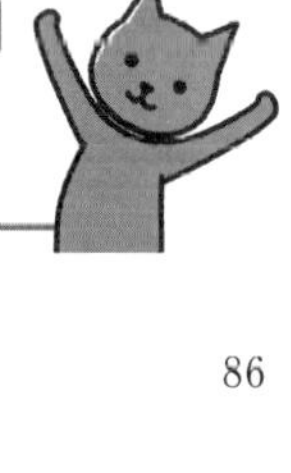

# お葬式費用の平均内訳

## 195万円のうち葬儀社に支払うのは148万円

いただいた香典を葬儀代に充てることもできる

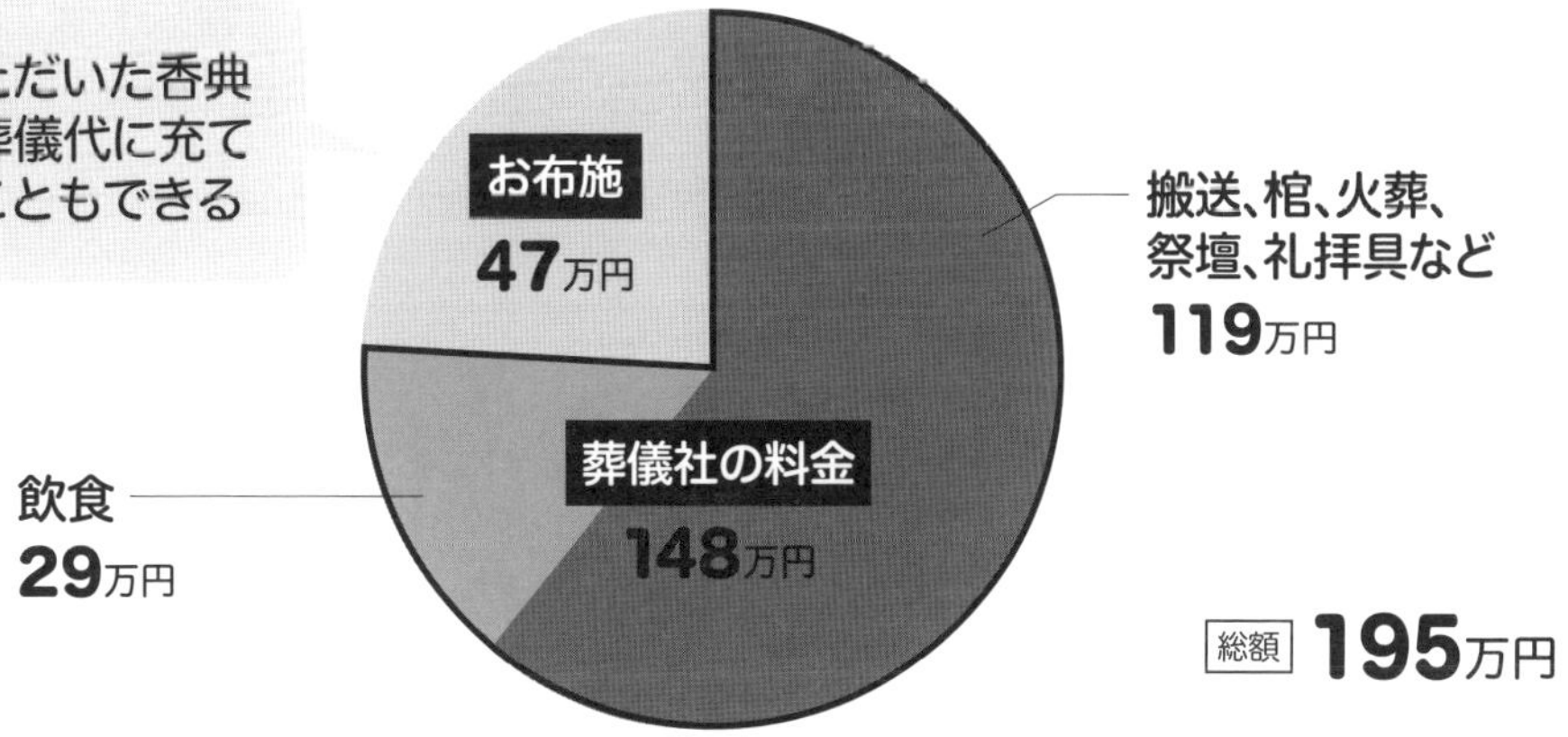


出所:日本消費者協会「第11回 葬儀についてのアンケート調査報告書」(2017)

詳しい費用の内訳は88ページから

## 逝去後に行う主な法要は初七日忌法要と四十九日忌法要

| | |
|---|---|
| **初七日忌法要** | お葬式の当日に繰上げて行われることが多い |
| **四十九日忌法要** | 忌明けとなるもっとも重要な法要 |
| **納骨法要** | 遺骨の埋葬時の法要。四十九日忌法要と合わせて行われることもある |
| **一周忌法要** | 喪明けとなる法要 |

何が？

どう違う？

実例紹介

# お葬式の形式別内容と費用

**お葬式は規模や形式だけでなく、地域によっても内容や金額が変わります。どこでどのようなお葬式をしたらどれくらいの費用になるか、具体例で確認しましょう。**

実例紹介 Case 01

## 家族葬をした横浜市のAさんの例

| 項目 | 費用 | 項目 | 費用 |
| --- | --- | --- | --- |
| 搬送 | 6万2000円 | 骨壺 | 1万5000円 |
| 安置 | 7万2000円 | 葬儀スタッフ | 8万1000円 |
| 棺・納棺 | 14万7000円 | 火葬場・休憩室 | 1万7000円 |
| 式場・仮眠場所 | 15万円 | 飲食 | 16万円 |
| 祭壇装飾 | 16万円 | お布施 | 50万円 |
| 送り花 | 8000円 | 合計 | 137万2000円 |

### 火葬場の空きが6日後

父を亡くした横浜市に住むAさんは、**接待に追われずに故人との別れをゆっくり偲びたいという理由から、身近な親族20人ほどだけで家族葬をすることにしました。**お葬式は葬儀社に依頼し、火葬は横浜市の公営斎場を利用しました。

お父さんが亡くなったあと病院から葬儀社に遺体を搬送して安置し、打ち合わせを行いました。火葬場が混んでいた関係で、通夜が5日後、その翌日に告別式と火葬という日取りです。通夜から告別式にかけては親族全員が葬儀社に宿泊し、故人とひと晩を過ごしました。

かかった費用は、搬送6万2000円、安置が6泊で7万2000円、棺・納棺14万7000円、式場・宿泊場所15万円、祭壇装飾16万円、送り花8000円、骨壺1万5000円、打ち合わせ・司会進行8万1000円、火葬場・休憩室1万7000円、飲食16万円、お布施50万円で、合計137万2000円です。

家族葬のため、供花、香典返しなどの費用はかかりませんでした。

※葬儀社費用はラステル®新横浜(株式会社ニチリョク)のものを使用(CASE2、3も同様)

実例紹介 Case 02

# 一般葬をした山形市のBさんの例

| 項目 | 費用 |
| --- | --- |
| 搬送・安置 | 8万6000円 |
| 棺・納棺・骨壺 | 16万2000円 |
| 式場・仮眠場所 | 25万円 |
| 祭壇装飾・送り花・供花 | 19万円8000円 |
| 香典返し | 21万円 |
| 葬儀スタッフ | 10万1000円 |
| 飲食 | 29万円 |
| お布施 | 40万円 |
| 合計 | 169万7000円 |

## 無料の公営斎場を利用

山形市のBさんは、亡くなった父が近所の人とも親交が深かったため、**近所の人や知人に参列してもらおうと一般葬の形式をとりました。**お葬式は葬儀社、火葬は無料の公営斎場を利用しました。

亡くなって葬儀社に遺体を搬送し、翌日に通夜、またその翌日に告別式と火葬と、滞りなく進められました。通夜には30人、告別式には100人が参列しました。また、繰り上げ法要後の会食に参加したのは40人でした。

実例紹介 Case 03

# 直葬をした新宿区のCさんの例

| 項目 | 費用 |
| --- | --- |
| 搬送 | 6万2000円 |
| 安置 | 3万6000円 |
| 棺・納棺 | 14万7000円 |
| 送り花 | 8000円 |
| 骨壺 | 1万5000円 |
| 葬儀スタッフ | 4万1000円 |
| 火葬場・休憩室 | 6万6000円 |
| 合計 | 37万5000円 |

## 宗教儀式を省きお布施が不要

夫を亡くした新宿区のCさんは、**菩提寺がなく経済的な負担も考慮して、火葬のみの直葬を選択しました。**参列するのは子供と孫合わせて10人ほどです。火葬場は比較的空いている民営斎場を利用しました。火葬場の予約が取れたのは3日後だったので、それまでは葬儀社に遺体を安置してもらいました。当日は出棺後、宗教的な儀式はせず火葬場へ搬送し、見送りました。

直葬なので通夜・告別式の費用や宿泊費はかかりません。また、法要を行わないので、会食、お布施の費用もかかりませんでした。

事前に備えて！

回避する！

実例紹介

# 葬儀社の人に聞くよくあるトラブル

**お葬式にまつわるトラブルは、遺族間だけでなく、葬儀社や菩提寺とも起こりえます。大切な人を送るときに余計な気を使わないよう、事前に備えて回避しましょう。**

実例紹介 Case 01

## 葬儀社を途中で変更し料金が増えた

| | |
|---|---|
| 搬送 | 3万円 |
| ドライアイス | 1万円 |
| 棺 | 12万円 |
| 納棺 | 5万円 |
| 安置 | 2万円 |

葬儀社変更 →

| | |
|---|---|
| 搬送 | 2万円 |
| 棺 | 9万円 |
| 安置 | 2万円 |
| 式場 | 10万円 |
| 式場装飾 | 20万円 |
| 司会進行 | 4万円 |
| 霊柩車 | 3万円 |
| 骨壺 | 2万円 |

重複

### 棺を2度購入することに

病院で亡くなった場合、あらかじめ葬儀社を決めていないと、病院と提携している葬儀社に決めてしまいがちです。しかし、その葬儀社が、希望のお葬式を希望の予算で行ってくれるとは限りません。

話が進むにつれ、お花や料理、安置所、式場の大きさや雰囲気などが具体的に見えてきます。そこで、希望との齟齬に気づき葬儀社を変える話になるわけですが、当然**その時点までの費用は元の葬儀社に支払わなければなりません。**

「病院で亡くなり、搬送したあと棺に入れて安置したが、この葬儀社では予算を超えてしまうので変更したい」という場合、搬送や棺、安置、化粧、納棺などの料金がすでに発生しています。ところが、慌てて変えたために新しい葬儀社から「棺は新しいものを使っていただきます」といわれ、また新たに棺の料金がかかってしまうような事態が起こるのです。安くするために葬儀社を変えたのにかえって料金がかさむ、という事態になりかねません。

実例紹介 Case 02

# 遺族間で意見がまとまらない

**打合せで決めること**

- お葬式の規模、人数
- 棺の色
- 花祭壇の色、種類
- 骨壺の形、色
- 供花の順番
- 料理の形式、内容、量

棺にもさまざまな選択肢がある

## お葬式の自由度が高い

お葬式の準備段階でよくあるトラブルは、遺族間で希望がまとまらないことです。

打ち合わせで決めることは、お葬式の規模や人数のほかに、棺や骨壺の色、お花の色や種類、供花の順番、料理の内容や量などさまざまです。近年、お葬式の自由度が高まり、葬儀社のほうでも数多くの選択肢を用意するようになったため、遺族間で意見が割れることも多くなりました。

そこで、**エンディングノートに送られる側の希望が書いてあると、話がスムーズに進みやすくなります。**

実例紹介 Case 03

# お布施が高額で支払えない

**戒名の位**

低 ↓ 高

- 信士・信女……30万円～
- 居士・大姉……50万円～
- 院信士・院信女……70万円～
- 院居士・院大姉……100万円～

位が高いほどお布施の料金も上がる

## 戒名で金額が上がる

遺族と菩提寺との間でトラブルになるケースもあります。

多くの場合は、お布施の料金に関してです。菩提寺から求められた金額があまりに高額になると、縁を切って改葬ということにもなります。お布施の料金は戒名の位を上げると高くなりますが、一般に位は配偶者や子どもも同じものをつけます。**よい戒名をつけようとした結果、のちのちもお布施が高額になってしまうのです。**

菩提寺とは代々付き合うことになるため、一時の感情で判断しないようにしましょう。

〈協力してくれた人たち〉

株式会社ニチリョク ラステル新横浜 ラステル事業部長 横田直彦さん(右)／葬祭事業部 部長 福田匡哲さん(左)

来たるとき
への準備
column

\\ お葬式でなにをすればよい？ //

# 喪主の心得

お葬式において喪主は遺族の代表となります。
具体的にどんなことをする役割なのか確認しておきましょう。

遺族の代表としてお葬式の打ち合わせをしたり、参列者へあいさつをしたりする人を「喪主」といいます。

最近は配偶者が務める場合が多いですが、以前は長男が務めるのが一般的でした。配偶者や子どもがいない場合は兄弟姉妹など血縁関係の深い人が務めることになります。

喪主の役割は主に、お葬式全体の監督、葬儀社の選定・打ち合わせ、菩提寺との連絡、お葬式でのあいさつ、の4つです。

お葬式の監督というのは当日に限ったことではありません。葬儀社と打ち合わせするうえで、遺族間の意見をまとめ予算や日取りを決めるなどといった準備段階も含まれます。

お葬式当日は、参列者が来る前に供花の順番や座席を確認し、その後、参列者を迎え、式場に案内します。通夜・告別式の際には、祭壇に向かって右側の一番前に座り、最初に焼香することになります。また会葬者への挨拶も大きな役割です。そしてなにより、その後の供養の責任者として祭祀主宰を行わなければなりません。

**遺族代表挨拶(例)**

本日は、お忙しいなか父の葬儀にご会葬くださいまして、誠にありがとうございました。

このように多くの方にお集まりいただきましたこと、父も大変よろこんでいることと存じます。

今後とも変わらぬご厚誼をお願い申し上げ、お礼のごあいさつといたします。

# 5章

# お墓の決め方と手続き

親や親族の葬儀などを終えたら、遺骨を納めるお墓のことについて考えましょう。また、本人の希望も反映させつつ、家族側がお墓を選ぶべきポイントを解説します。

【監修】

**二村祐輔**

日本葬祭アカデミー教務研究室
代表／東洋大学非常勤講師

「葬祭カウンセラー」養成・認定の日本葬祭アカデミー教務研究室（http://www.jf-aa.jp/）代表。東洋大学非常勤講師。「葬祭セミナー」など年間多数の講演をこなす傍ら、大学では「葬祭ビジネス論」を開講している。

## CONTENTS

亡くなる前
確認事項

長年管理を続けることを念頭に置いて

# 管理しやすいお墓を選択しよう

## お墓の種類を知って選択肢を広げよう

お墓は遺骨の収蔵場所というだけではなく、故人の「居場所」としての意識から、遺族の「祈りの場所」として供養の要になります。

一般的なお墓は、縦長の長方形に加工されている「和型」が多いです。しかし近年は、外国風な横長の「洋型」や、デザイン性がある墓石を選択する人も増えています。また、墓石だけではなく、お墓を建てる土地にも変化が見られます。一面芝生の芝生墓地や、墓石の間に植物を栽培するガーデニング墓地が代表的な例です。また、アクセスのよい都心と、自然に囲まれている郊外という観点でお墓を選ぶ人も増えています。

**ただし、お墓の掃除（管理）は残された家族が行うものです。管理のしやすさなども踏まえて、本人や家族が納得するお墓を選択しましょう。**

お墓の費用は、およそ200万～250万円程度で、大きく墓石代と墓地代に分かれます。

墓石は色や大きさ、形態などによって異なりますが、一般的な墓石であれば100万円～200万円します。墓地代は区画の土地を永年にわたり使用する権利代で、立地や広さにより金額が大きく異なります。都心では公営でも1000万円以上の場所もあり、墓石の建立などと合わせると高額です。また、境内墓地や霊園には毎年支払う管理料などがあります。これらは共益費のようなもので、施設によって数千円～数万円ほどです。

購入したときから毎年継続される支払いなので、本人と家族の要望や希望を十分に話し合い、検討するとよいでしょう。

これだけ確認

**都心での建墓費用は比較的高額**

# お墓のかたち

**和型**

和型のお墓。日本の伝統的なお墓のかたちであり、これまでの主流となっている

**洋型**

洋型のお墓。霊園などの芝生墓地に映えることから、人気がある

# お墓にかかる費用

**収骨容器は収蔵できる数に限りがあることに注意**

**墓石代**（100万～200万円）

墓石そのものの値段、墓石の加工代、外柵代、灯籠などの付属品、お墓を建てる工事代が費用として含まれていて、**石材店**に支払う

**墓地代**（都心で100万～2000万円）

区画の土地を専有して使用する権利金。毎年の管理費などは墓地管理者に支払う

亡くなる前
確認事項

生前にお墓を買うと節税対策にもなる

# 本人の生前にお墓を購入しよう

## 墓地の場所から決めると円滑に進む

お墓を建てる際、はじめに決めたいことは墓地の場所です。

都心部であれば自宅とお墓の距離が近いことから、お墓参りや管理がしやすくなるメリットがあります。しかし、郊外に比べて墓地代が高くなってしまうデメリットがあります。

一方、郊外にすると家との距離が遠くなり、お墓参りや管理が難しくなってしまいます。しかし、自然に囲まれた環境や、広々とした土地を選択することができます。

こうした点を踏まえてお墓の場所を決定したら、インターネットで周辺の霊園やお寺を調べましょう。その後、霊園やお寺を直接訪問して、実際の立地や費用面を相談するとスムーズにいきます。

## お墓を買うタイミングで相続税の節税になる

生前と亡くなったあとでお墓を買う手順に変わりはありませんが、費用面で異なる部分があります。

通常、墓地代はその土地の使用料ということになりますので、お墓を購入したときから管理費が発生します。したがって、**お墓の購入から納骨までの期間中も管理費を支払わなければなりません**。しかし、納骨堂などの永代供養墓（98ページ参照）では納骨まで管理費がかからない場合もあります。

また、**お墓に入る本人が生前にお墓を買うことで相続税の節税になります**。お墓や仏具は、相続税控除の対象です。お墓は平均で２００万円前後しますので、十分に節税の効果が得られるでしょう。

**これだけ確認**

**お墓を購入した時点から管理費がかかる場合がある**

# お墓購入の流れと費用

## 亡くなったあとにお墓を購入した場合

死亡

お墓の購入

↓

遺骨を納骨

**かかる費用**

**管理費**

購入から納骨までの期間が短いのでその間の管理費はそれほど大きくない

**相続税**

亡くなったあとのお墓の購入では、相続税控除の対象にならない

## 本人の生前にお墓を購入した場合

生前 お墓の購入

死亡

↓

納骨

**かかる費用**

**管理費**

お墓の購入から納骨までに時間がありますが、その期間中も管理費を支払うことになる（年間1万円前後）

**相続税**

生前にお墓を購入すると、お墓の代金が相続税の控除対象になる。お墓（墓石や墓地など）のほかに、仏壇や仏具なども相続税がかからない財産とされる

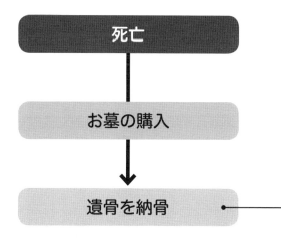

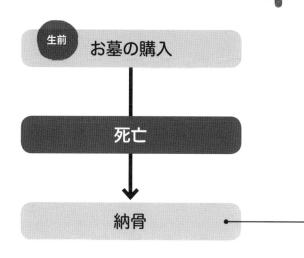

亡くなる前
確認事項

# お墓は墓石だけではない さまざまなお墓や供養方法を知ろう

これだけ確認

**納骨堂は室内に遺骨を納骨します**

**ニーズとともに変化した供養の方法**

日本の伝統的なお墓は、95ページでも紹介した和型ですが、時代の需要に合わせてさまざまな形態のお墓ができました。

以前は、遺骨を一時的に預ける場所として多く利用されていた**『納骨堂』は現在、遺骨を供養する場所としての役割を担っています。**納骨堂は遺骨を安置する室内の施設のことで、納骨堂のなかでも多くの種類があります。たとえば、ロッカー式は扉のついたロッカーが並び、そのなかに遺骨が収蔵されます。

永代管理を採用している施設が多いために個人的な管理の必要なく、立地がよい施設もあり、お墓参りしやすいのがメリットです。また、墓石の購入に比べて費用が安価であることも大きな選択理由となっています。

「樹木墓地」は一般的に墓石の代わりに樹木を植えたお墓です。遺骨は地下の収蔵施設に容器ごと「個別」納骨する場合と、不特定多数の遺骨と「合葬」をする施設もあります。

こちらも永代管理や寺院などでは永代供養をしてくれるところも多くあります。費用も建墓に比べて安価に入手できます。

納骨堂や樹木墓地で個別収蔵をしているところでは、管理や供養の期限を限定していることもあります。多くは習俗的な供養慣例から33年をめどに、合葬や合祀墓で合同慰霊となります。この期間やその後の対応などは管理者に聞いておきましょう。

そのほかの遺骨対応では海洋への「散骨」もありますが、各地の条例規制や制約もあるので実施には注意が必要です。多くの人が一部散骨をし、あとの遺骨はお墓に納めるのが現状です。

# 墓石以外のお墓のかたち

## 納骨堂（合葬、合祀）

コインロッカーなどのような区画で個別収蔵するものや、不特定の遺骨とともに合葬する納骨堂もある

## 樹木基地（合葬、合祀）

主に樹木植栽を景観とした合同墓地で、遺骨は合葬される。寺院境内の樹木墓地などは、ほとんど永代供養として合祀墓となっている

# 永代管理、供養墓の埋葬方法

**永代管理墓（合葬）**
納骨堂や樹木葬でこのシステムを取り入れていることが多い

**永代供養墓（合祀）**
主に宗教法人が遺族に代わって供養してくれる

↓

**一定期間を経過すると遺骨が取り出される**
最初から合葬される場合と、一定期間は個別納骨で、その後合葬される場合がある

↓

**合同で合葬・合祀される**
取り出された遺骨は、ほかの遺骨と一緒にされる。納骨方法は墓地によって異なる

**管理費**

永代管理や永代供養は、管理費や供養料の納入が前提で、費用はさまざま。なかには50万円、100万円以上かかることもある

亡くなる前
確認事項

改葬には行政手続きが必要

# 墓じまいをして管理しやすくする

これだけ確認

墓じまいするには
**改装許可証**が
必要

## 田舎のお墓を近くの都心に移す

先祖のお墓を継ぐ人がいなくなり、田舎のお墓の距離が遠くて管理が大変、といった理由から「墓じまい」をする人が増えています。

「墓じまい」とは現在のお墓を撤去して、新しい墓所に移す、いわばお墓の引っ越しのことをいいます。

墓じまいを行う理由は、管理や供養の負担を軽減したいという理由も多くありますが、**何よりも供養を継続していきたいという素朴な遺族の気持ちもあります**。墓じまいの移転先には、永代管理や永代供養の墓所もさまざまあり、承継者がいなくても永年にわたって維持できるシステムを選択する人もいます。納骨堂や樹木墓地などではそのような対応が可能なところが多いです（98ページ参照）。

墓じまいをする際、お寺の境内にお墓がある場合は、まず住職に相談をしましょう。その後、改葬の手続きに入ります。

移転先が決まっている場合は、その墓地管理者から「受入証明」をもらっておきます。次に、元のお墓の市区町村役場で「改葬許可申請書」をもらい必要事項を書き込みます。申請書にはこれまで埋葬されていた管理者（霊園や寺院など）の署名や捺印が必要です。記入した申請書を役場に提出して「改葬許可証」の交付を受け、遺骨とともに改葬先の管理者に渡します。

申請の手続き費用は無料ですが、手続きの手順が不明の際は霊園事務所や役所の窓口で聞くことが肝心です。なお、移転に伴う工事費や新しいお墓の費用などは当然見積もりをもらっておく必要があります。

## 改葬の手順

①新しいお墓の管理者から**受入証明書**をもらう。新しいお墓を建てず、自宅で遺骨を保管する場合は必要ない

②現在のお墓の所在地の市区町村役場で**改葬許可申請書**を入手して記入する

③現在のお墓の管理者から申請書へ署名や捺印をしてもらったら、役場へ提出して**改装許可証**を交付してもらう

改葬の手順や必要な書類は、**市区町村の窓口**や**お寺、霊園などの事務所**で相談することができる

## 改葬に関する問題点

### 問題点1 お寺との関係

現状、お墓がお寺の境内墓地で、そのお寺の檀家になっている場合は、改葬による離檀（寺壇関係の解消）をしなければならないことも多くある。なかには、「離檀料」など法外な寄進を要求される場合がある

**➡改葬をする前に誠意をもって住職に相談をしておくこと。トラブルになりそうなときは、第三者として行政書士などに相談する**

### 問題点2 費用

墓じまい（旧墓の撤去など）には、原状回復のための工事費がかかる。事前に石材店などに見積もりをしてもらうことが必要。新規の建墓には相応の費用もかかる

**➡新規の建墓には相応の費用を用意する。規模により200万円前後が目安**

### 問題点3 親族から合意が得られるか

田舎のお墓は地元で見守ってくれている親族がいることも多く、自分が承継者だからといって、無断で墓じまいを実行するとトラブルになることも

**➡無断で墓じまいすることは避け、十分に親族の合意を得ておく**

亡くなった後
手続き

申請すると給付金を受け取ることができる

# 埋葬料や葬祭費の申請手続きを行う

これだけ確認

保険の**加入先**で給付金が変わる

## 故人が会社員なら埋葬料が受け取れます

亡くなった人の葬儀や埋葬を執り行うと、給付金を受け取ることができます。

**故人が健康保険の加入者だった場合、加入している保険から故人の埋葬を行った人に「埋葬料」が給付されます。**

給付額は、故人の扶養に入っていた人が埋葬を行った場合、5万円が支給されます。故人の扶養に入っていない人が埋葬を行った場合、埋葬を行った人に5万円を上限として埋葬にかかった実費が支給されます。

受給するには、申請手続きが必要で、故人との続柄がわかる書類や死亡診断書などを添付する必要があります。

また、故人の死亡が勤務中や通勤中である場合は「労働災害」と認定されます。**労働災害に認定されると、故人の葬祭を行った人に対して葬祭料（葬祭給付）が支給されます。**

葬祭料は必ずしも遺族が対象となるわけではなく、故人の葬祭を会社が執り行った場合、その会社に対して葬祭料が支給されます。

## 国民健康保険の加入者なら葬祭費が受け取れます

**故人が国民健康保険または後期高齢者医療制度の加入者だった場合、故人の葬祭を執り行った人（喪主）に対して、葬祭費が支給されます。**

支給額は市区町村によって異なりますが、3万～6万円前後が目安です。

受給するには申請手続きが必要です。

# 給付金の概要

| | 埋葬料 | 葬祭費 | 葬祭料（葬祭給付） |
|---|---|---|---|
| **請求できる人**<br>（給付される人） | 故人の被扶養者で埋葬を行った人<br>（該当者がいない場合には埋葬した人） | 葬儀を行った人<br>（喪主） | 葬祭を行った人<br>（喪主） |
| **給付額** | **故人に扶養されている人**<br>➡5万円<br>**故人に扶養されていない人**<br>➡5万円の範囲で実際にかかった埋葬費用 | 3～6万円程度<br>（自治体によって異なる） | 31万5000円＋給付基礎日額の30日分<br>（この額が給付基礎日額の60日に満たない場合は60日分） |
| **提出書類** | 健康保険被保険者家族埋葬料（費）支給申請書<br>➡協会けんぽの場合、ホームページからダウンロードできる | 国民健康保険葬祭費支給申請書<br>➡各市区町村役場の窓口、またはホームページからダウンロードできる | 葬祭料請求書または葬祭給付請求書<br>➡厚生労働省のホームページからダウンロード、または労働基準監督署で入手する |
| **請求先** | 故人の勤務先の管轄の健康保険組合 | 故人が住んでいた市区町村役場 | 勤務していた事業所を管轄する労働基準監督署 |
| **添付書類など** | ・埋葬費用の領収書、明細（コピー不可）<br>・通帳、印鑑<br>・死亡診断書 など | ・葬儀費用の領収書、明細（コピー不可要）<br>・通帳、印鑑<br>・死亡診断書 など | ・通帳、印鑑<br>・死亡診断書 など |
| **期限** | **埋葬料**<br>➡死亡日の翌日から2年 | 葬儀を行った日の翌日から2年 | 死亡日の翌日から2年 |

墓じまいってなんだ？

# 多様化するお墓の形態

最近ではニーズに合わせてお墓の形態が多様化しています。最新のお墓のメリットやデメリットをQ&A形式で解説します。

Question & Answer

## ① 永代供養墓のメリットって何？

### A. 遺族に代わって管理者が遺骨を供養してくれます

霊園や寺院が行うお墓の管理とは、施設全体の補修や点検で、個別のお墓の掃除などは、遺族がお墓参りするときに行うものです。

永代供養墓は、遺族の代わりに管理者が祭祀をしてくれるところが特徴であり、安心できることがメリットといえるでしょう。祭祀とは、供養を行うことで、年忌法要やお彼岸やお盆の慣習に合わせて供養をしてくれます。

合葬や合祀をしているお墓では永代供養のシステムを多く取り入れていて、費用も墓石に比べると安価であることもメリットです。

## ② お墓は引き継ぐべき？

### A. 必ずしも引き継ぐというわけではありません

お墓は先祖代々引き継ぐことが伝統として一般的でしたが、現在では家族の形態が多様化しているので、必ずしも子どもが引き継がなければならない、ということはありません。

たとえば、自宅から遠いところに先祖のお墓があるとします。管理するのには時間もお金もかかってしまいます。そうしたときには、墓じまいをして永代供養墓へ改葬することで対策ができます。

## ③ 墓じまいにお布施は必要？

### A. 必要な場合もあります

お墓が菩提寺にある場合、墓じまいの際にはこれまでのお礼としてお布施をお包みします。

墓じまいをするということは、お寺からすれば檀家が減少することになり、深刻な問題です。そのため、なかには法外な「離檀料」などを要求して問題になることがあります。そのようなトラブルを回避するためには、感情的な問題にならないよう、事前に丁寧に住職への相談をしておくことが必要です。

もし、お寺や住職に今までの感謝の気持ちがあるならば、毎年の管理費（護寺会費）の10年分を目安にお包みする考えもある。

④

## 引き継ぐ人がいないお墓はどうなるの？

### A. 無縁墓として整理されます

お墓には、永代使用権が設定されていて、毎年の管理費を納めている限りはその権利を有します。

ただし、管理費が滞ったり、墓地の承継者と連絡が途絶えると、一定の期間を設けて無縁墓として整理されます。このような事態が想定される場合、事前に管理者と相談しておきましょう。

⑤

## お墓の掃除はどうやって行う？

### A. お墓とその周りをきれいにします

まず、お墓が建てられている区画の落ち葉集めや雑草除去、汚れている場合は玉砂利を水洗いします。墓石の汚れは、長期間放置せずに、水洗いで落とせるうちにきれいにしましょう。墓石用の洗剤などもありますが、用途を間違えると染みになってしまうおそれがあるので使用は控えたほうがよいでしょう。

もって行くとよいものとしては、タオル・雑巾、スポンジ、ごみ袋があります。バケツやほうきなどの掃除用具は、お寺や霊園で貸し出していることもありますので確認しましょう。

⑥

## 内縁の配偶者を一緒に納骨できる？

### A. 墓地使用規則を確認し、管理者に承諾を得ます

霊園・墓地の墓地使用規則等では、納骨できる範囲を「親族」と限定しているケースが多いです。そのため、内縁の配偶者は納骨できないということになります。

しかし、厚生労働省で示されている指針によれば、対象者の範囲を「使用者の親族および縁故者」としているので、内縁関係の人も考慮すべきという考え方をとっています。

霊園や墓地の管理者に事情を説明して、管理者の承諾を得ることができれば一緒に納骨できるでしょう。

⑦

## 姑と同じお墓に入りたくない……

### A. 夫婦で別のお墓にしても問題はありません

夫とお墓を別にして、実家のお墓に入っても問題はありません。ただし、2つのお墓を管理することを考えましょう。夫婦が別々のお墓に納骨された場合、管理する側は2つのお墓を管理していくことになりますし、自分たち家族はどちらのお墓に入るべきなのかという問題も出てきます。別にするなら、一方を永代管理墓にするなど、管理の負担がないように工夫するとよいでしょう。

# と遺言書の違い

「閲覧してもよいか」という観点からエンディングノートと遺言書の違いを比較していきます。

## 【遺言書とは?】

### 検証1 法的効力はある?

**あります**。まず、だれにどのくらいの財産を渡すか指定ができますので、法定相続人ではない人に財産を譲渡することも可能になります。財産分与のほかに、保険金の受取人を変更することもできます。

また、相続人から虐待などの被害を受けていた場合、その相続人の相続権を消失させられます。

隠し子の認知ができます。結婚していない人とのあいだに生まれた子の認知をすることで、その子も法定相続人になります。

遺言施行者の指定が可能です。遺言施行者とは、遺言書の内容を実現するために手続きを行ってくれる人です。遺産分割の手続きを誰が行うかで家族がもめないための対策としても有効です。

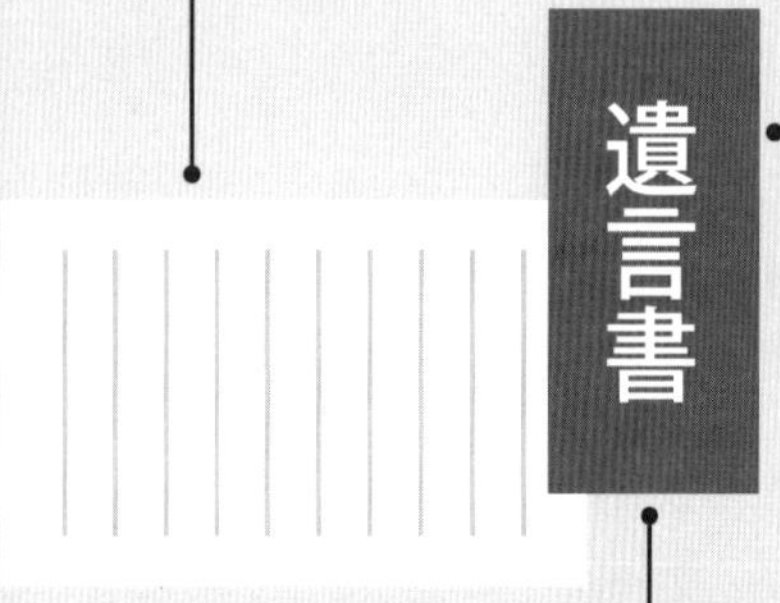


### 検証2 なにが書かれている?

**死後の対応が書かれています**。財産分与や、相続してほしい人、遺言施行者の指定など、これらはすべて遺言者の死後にどのようにしてほしいか、という意思表示が書かれています。
また、遺言者がなぜそのように希望するのかという理由も書かれています。たとえば、財産分与で家族がもめたりしないよう、家族のことを思って理由を書くことも多いです。

### 検証3 形式はある?

**あります**。自筆証書遺言の場合、①手書き、②日付の記載、③署名、押印が基本となります。これらが守られていないと、無効になってしまいます。たとえば、レコーダーやムービーの録音・録画では遺言書としての効果がありません。

書き方は108ページ参照

### 検証4 閲覧できる?

**できません**。自筆証書遺言が家など身の回りで見つかったとき、自分で開封してしまうと改ざんを疑われたりする恐れがあるため、家庭裁判所で検認が必要です。ただし、自筆証書遺言でも法務局に預けられていたものは検認が不要となります。

Close-Up!

# エンディングノート

**終活の場面でよく聞くエンディングノートと遺言書。ここでは「効力」「書かれている内容」「形式」**

## 【エンディングノートとは？】

### 検証1 法的効力はある？

**ありません**。エンディングノートは将来、自分に万が一があったときのために、家族や周りの人に対して伝えておきたいことを記入するものです。そのため、エンディングノートには周りの人への法的効力はありません。

行政書士や税理士など専門家を指定しておくことで、死後の対応をする家族の負担を減らしてくれる役割があります。

ただし、個人情報が書いてありますので、取り扱いには注意が必要です。

### 検証2 なにが書かれている？

**生前〜死後に向けた本人の希望や要望がかかれています**。エンディングノートは死後のことだけではなく、医療や介護の方法についての希望が書かれていることがあります。たとえば、自分が脳死状態になったとき、延命措置はとらずに尊厳死を希望する場合は、ノートへの記載のほか、尊厳死宣言書などの書類を作成していることもあります。また、お墓やお葬式はどのようにしてほしいか、だれを呼んでほしいか、という希望もあるでしょう。

### 検証4 閲覧できる？

**できます**。エンディングノートには法的な効力はありませんので、いつだれが閲覧しても問題はありません。生前のことも書いてある場合があるので、生前にどんなことを記入しているのか、生前に確認してもよいでしょう。

### 検証3 形式はある？

**ありません**。エンディングノートは人生の終末期に詳しい専門家や企業が発行していて、ノートによって形式は自由です。そのため、どんなノートを選んでも問題はありません。

どうやって書く？

# 遺言書の書き方

ことや、法的効力が無効にならないための遺言書の書き方とポイントを解説します。

**全文を自筆で記載する**

## 遺言書

**法的遺言事項**

遺言者田中一郎は、次のとおり遺言する。 — **書き出しはわかりやすく書く**

1．妻田中順子（昭和○年○月○日生）に次の財産を相続させる。

（1）土地

所在　東京都千代田区○○町

地番　12 番 5

地目　宅地

地積　○㎡

（2）建物

所在　東京都千代田区○○町

家屋番号 12 番 5

種類　居宅

構造　木造 2 階建

床面積　1 階○㎡、2 階○㎡

**記載事項は具体的に、正確に書く**

2．長男太郎（平成○年○月○日生）には次の財産を相続させる。

○○銀行○○支店 遺言者名義 定期預金（口座番号 0123456）のすべて

3．長男の嫁若葉（平成○年○日生）には次の財産を相続させる。

△△銀行△△支店 遺言者名義 普通預金（口座番号 0123456）のすべて

**本来は相続人ではない子どもの配偶者も遺贈として財産分与を指定できる**

3．私は遺言施行者として長男太郎を指定する。

**手続きがスムーズに進むため、遺言執行者を指定しておくことが望ましい**

**付言事項**

4．付言事項

土地と建物だけで 2 分の 1 を超えると思いますが、長男太郎は若葉さんとともにお母さんを支えていってあげてください。

若葉さんには介護をお願いさせることになり、大変な苦労と負担をおかけしました。労に報いるためにも、先に記載したとおりに遺産を遺贈したいと思います。

**感謝の気持ちや、遺言書を書いた経緯、財産分与の意図などを書く**

令和○年○月○日

東京都千代田区○○町 12 番 5

田中一郎　㊞

**日付・氏名・押印がないと無効になる。** 日付は「吉日」としない。押印は認印でもよいが、実印を押して印鑑証明書を添付するのが望ましい

## 日付・氏名・押印は必ず記載する

遺言書を作成するには、主に2つの方法があります。ひとつ目は、公証役場に出向き、遺言内容を公証人に伝えることで作成してもらう方法。この遺言書を「公正証書遺言」といいます。2つ目は、自分で制作する方法で、自分でつくった遺言書を「自筆証書遺言」といいます。

公正証書遺言は、公証人が作成するため不備はないですが、自分で作成する場合、不備があると無効になってしまいます。ここでは、自筆証書遺言の書き方を紹介していきます。

遺言書の内容には、法的な効力をもつ法定遺言事項と、感謝の気持ちなどを書く付言事項があります。

Close-Up!

# 無効にならない！

死後の財産分与などを指定できる遺言書。実際、どんな内容をどのようにして書くのか、といった

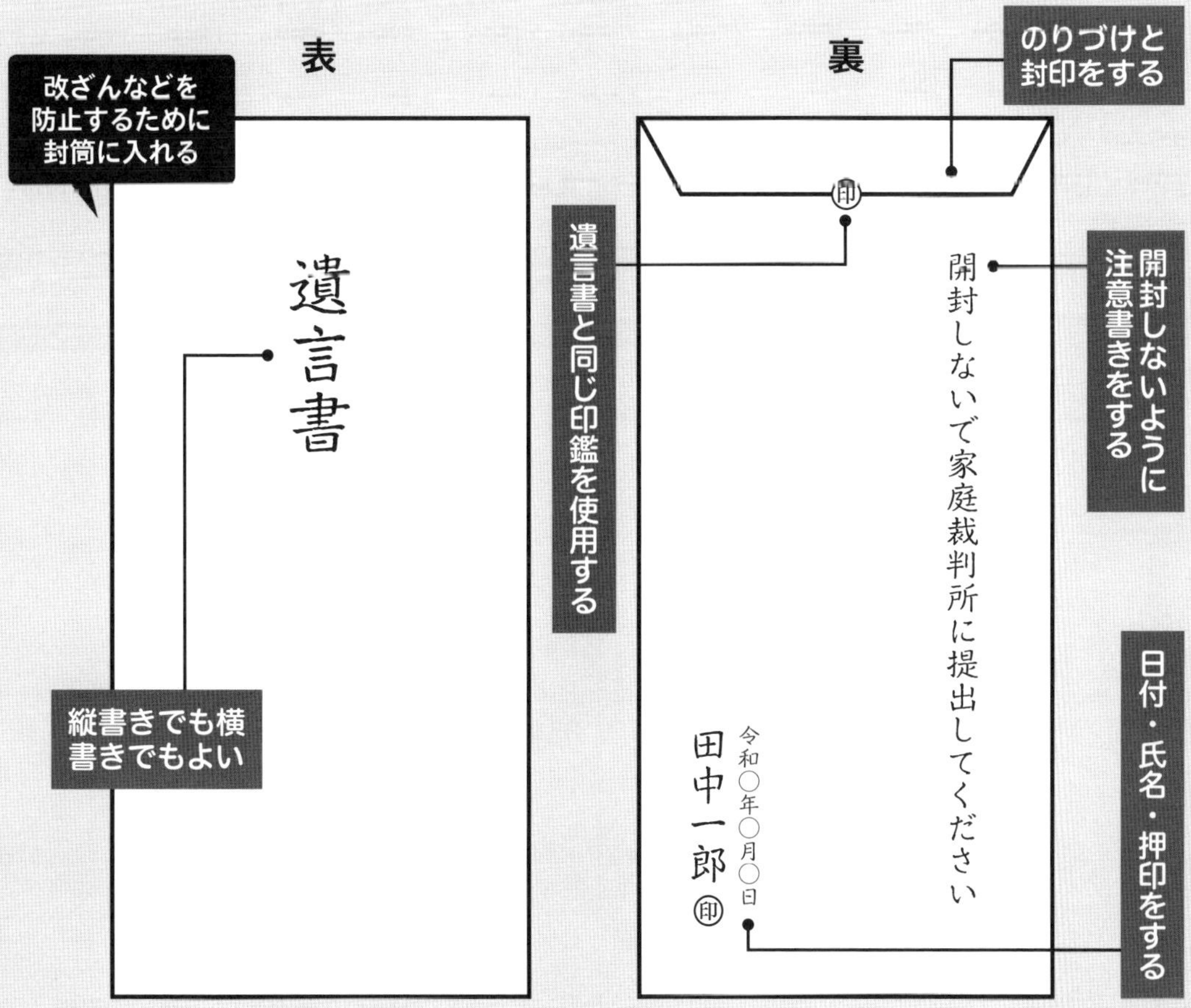
表
裏
のりづけと封印をする
改ざんなどを防止するために封筒に入れる
遺言書
縦書きでも横書きでもよい
遺言書と同じ印鑑を使用する
印
開封しないで家庭裁判所に提出してください
開封しないように注意書きをする
令和○年○月○日
田中一郎 印
日付・氏名・押印をする

法定遺言事項は、相続分や遺産分割方法の指定など財産の分配や処分に関すること、子の認知や相続人の廃除など相続人に関することを書きます。

付言事項は、なぜ遺言内容のような分配にしたかという理由や、家族に対する感謝の気持ちを書きます。

遺言書に書く順序としては、はじめに法定遺言事項をすべて書き、次に付言事項を書きます。そのあと、必ず日付、氏名、押印をします。どれかひとつでも欠けていると遺言書が無効になってしまいます。

遺言書は封筒に入れなくても有効です。ただし、封筒に入れていないと改ざんなどの恐れがあるため、それを防止するために封筒にいれて保管するとよいでしょう。

このページをコピーして自分で書いてみたり、親にかいてもらったりしましょう。

# 【私ってこんな人】

| | |
|---|---|
| 好きだった音楽 | 初恋の人 |
| | |
| 好きな場所 | もらってうれしいもの |
| | |
| 好きな食べ物 | 好きな芸能人 |
| | |
| 好きな本 | 趣味・得技 |
| | |
| おもしろい人 | 生まれ変わりたいもの |
| | |
| やさしい人 | これからの目標 |
| | |

※エンディングノートはこれらの項目のほかに、治療や葬儀など、これからの生き方についての希望を書く場合もあります

エンディングノートがどんなものかを知るためには、実際に書いてみることが一番です。

## 【私の軌跡】

| | ここで過ごした | こんなことがあった |
|---|---|---|
| 生まれたところ | | |
| 1歳～5歳 | | |
| 小学校低学年 | | |
| 小学校高学年 | | |
| 中学校 | | |
| 中学校 | | |
| 高校 | | |
| 高校 | | |
| 大学 | | |
| 大学 | | |
| 会社 | | |
| 転職 | | |
| 結婚 | | |
| 老後 | | |

# 身内が亡くなる前の備えと後の手続きがすぐにわかる本

2020年2月29日　発行

| | |
|---|---|
| ■編集 | 金丸信丈・花塚水結・出口夢々（株式会社ループスプロダクション） |
| ■表紙 | ili_design |
| ■本文デザイン・DTP | 竹崎真弓（株式会社ループスプロダクション） |
| ■DTP | 太田紗矢香、星 陽介 |
| ■協力 | 株式会社ニチリョク |
| ■発行人 | 佐藤孔建 |
| ■編集人 | 梅村俊広 |
| ■発行・発売 | スタンダーズ株式会社<br>〒160-0008 東京都新宿区四谷三栄町12-4 竹田ビル3F<br>TEL：03-6380-6132 |
| ■印刷所 | 三松堂株式会社 |

●本書の内容についてのお問い合わせは、下記メールアドレスにて、書名、ページ数とどこの箇所かを明記の上、ご連絡ください。
ご質問の内容によってはお答えできないものや返答に時間がかかってしまうものもあります。予めご了承ください。
●お電話での質問、本書の内容を超えるご質問などには一切お答えできませんので、予めご了承ください。
●落丁本、乱丁本など不良品については、小社営業部（TEL：03-6380-6132）までお願いします。
e-mail：info@standards.co.jp

Printed in Japan



**必ずお読みください**

本書で取り上げる情報および、金額等は2020年1月時点の情報を元に提供しております。また、地域や業者によりそれらが異なることがあります。あらかじめご了承ください。